1911 (Mai 30-31)

AF470078

Vente des Lundi 29 et Mardi 30 Mai 1911
(HOTEL DROUOT)

Commissaire-Priseur : Mᵉ ANDRÉ DESVOUGES

CATALOGUE

DE

LIVRES MODERNES

(LIVRES ILLUSTRÉS, ÉDITIONS ORIGINALES)

ET DE

QUELQUES LIVRES ANCIENS

PARIS

LIBRAIRIE HENRI LECLERC

219, RUE SAINT-HONORÉ, 219

ET 16, RUE D'ALGER

1911

CATALOGUE

DE

LIVRES MODERNES

LA VENTE AURA LIEU

LES LUNDI 29 ET MARDI 30 MAI 1911

A 2 HEURES PRÉCISES

HOTEL DES COMMISSAIRES-PRISEURS, 9, RUE DROUOT

Salle N° 10

Par le Ministère de Me **ANDRÉ DESVOUGES**, commissaire-priseur

26, RUE GRANGE-BATELIÈRE, 26

Successeur de Me MAURICE DELESTRE

Assisté de **M. HENRI LECLERC**, libraire

219, RUE SAINT-HONORÉ, 219

ET 16, RUE D'ALGER

CONDITIONS DE LA VENTE

La vente se fait au comptant.

Les adjudicataires paieront 10 pour 100 en sus des enchères.

Les livres vendus devront être collationnés dans les vingt-quatre heures de l'adjudication. Passé ce délai, ils ne seront repris pour aucune cause.

M. Henri LECLERC remplira les commissions qu'on voudra bien lui confier.

CATALOGUE

DE

LIVRES MODERNES

(LIVRES ILLUSTRÉS, ÉDITIONS ORIGINALES)

ET DE

QUELQUES LIVRES ANCIENS

PARIS

LIBRAIRIE HENRI LECLERC

219, RUE SAINT-HONORÉ, 219

ET 16, RUE D'ALGER

1911

LIVRES MODERNES

1. **About** (Edmond). Le Cas de M. Guérin. *Paris, Michel Lévy*, 1862, in-12, broché.

   Édition originale.

2. **Adam** (Madame). La Chanson des nouveaux époux. Edition ornée d'un portrait et de dix eaux-fortes. *Paris, L. Conquet*, 1882, in-4, en feuilles, dans le cartonnage de publication.

   Exemplaire imprimé sur papier de Hollande.

3. **Adam** (Paul). Le temps et la vie. La Ruse, 1827-1828. *Paris, Paul Ollendorff*, 1903, in-12, broché.

   Édition originale.
Papier de Hollande.

4. **Adam** (Paul). L'Époque. Robes rouges. *Paris, Kobl*, s. d. (1891). — Les Tentatives passionnées. *Paris, Ollendorff*, 1898. — Le Troupeau de Clarisse. *Ibid., id.*, 1904. — Ens. 3 vol. in-12, brochés (*Couvert. illust.*).

   Éditions originales.
Les *Tentatives passionnées* sont imprimées sur papier de Hollande.

5. **Albanès** (A. d') et **Prath** (Georges). Les Nains célèbres depuis l'antiquité jusques et y compris Tom-Pouce, illustrés par Édouard de Beaumont. *Paris, Gustave Havard*, s. d. (1845). — **Houssaye** (Arsène). Le Royaume des roses, vignettes par Gérard Séguin. *Paris, Blanchard*, 1851. — **Karr** (Alphonse). Histoire

d'un pion, suivie de l'emploi du temps, de deux dialogues sur le courage et de l'esprit des lois ou les
voleurs volés. Vignettes par Gérard Séguin. *Ibid.*,
id., 1854. — **La Salle** (Albert de). L'Hôtel des hari-
cots, maison d'arrêt de la garde nationale de Paris. 70
dessins par Edmond Morin. *Paris, Dentu, s. d.* —
Ens. 4 vol. in-8, brochés.

> PREMIER TIRAGE, sauf « *L'Hôtel des haricots* ».
> Le volumes des « Nains célèbres » est sans la couverture
> imprimée.

6. **Antar**, poème héroïque arabe, d'après la traduction
de Marcel Devic. Illustrations en couleurs de E. Dinet.
Paris, l'Édition d'art, H. Piazza et Cie, 1898, in-4,
broché (*Couvert. illust.*).

> Un des 230 exemplaires imprimés sur papier vélin des
> Vosges à la cuve.

7. **Asselineau** (Charles). La Double vie. Nouvelles. *Paris,
Poulet-Malassis et de Broise*, 1858, in-12, front., broché.

> ÉDITION ORIGINALE.

8. **Aumale** (Le Duc d'). Les Institutions militaires de la
France. Louvois, Carnot, Saint-Cyr. *Paris, Michel
Lévy frères*, 1867, in-8, demi-rel. mar. bleu, dos orné,
tête dor., non rogné.

> Première édition publiée en France et non mise dans le
> commerce ; rare.

9. **Balzac** (H. de). Petites misères de la vie conjugale.
Illustrées par Bertall. *Paris, chez Chlendowski, s. d.*
(1845), gr. in-8, demi-rel. chag. brun, fil., dos orné,
tête dor. (*Rel. de l'époque*).

> PREMIER TIRAGE.

10. **Balzac** (H. de). Une rue de Paris et son habitant.
Avant-propos par M. le Vicomte de Spoelberch de Lo-
venjoul. Illustrations de François Courboin. *Paris,
A. Rouquette*, 1899, in-8, broché.

> Tirage à 125 exemplaires (n° 117) imprimés sur papier
> vélin, contenant un TIRAGE A PART, en noir, sur papier de
> Chine, de toutes les illustrations.

11. **Balzac** (H. de). Le Péché véniel. Compositions de Paul Avril, gravées à l'eau-forte par Édouard Léon et Raoul Serres. *Paris, Charles Bosse,* 1901, in-8, broché.

Un des 35 exemplaires (n° 77) imprimés sur PAPIER WHATMAN, contenant les illustrations en TROIS ÉTATS, dont l'EAU-FORTE PURE.

12. **Balzac** (H. de). Les Proscrits ; dix-neuf compositions dessinées et gravées à l'eau-forte par Gaston Bussière. *Paris, A. Ferroud,* 1905, pet. in-4 carré, broché.

Exemplaire (n° 40) imprimé sur PAPIER VÉLIN D'AR-CHES, contenant les illustrations en trois états, dont l'EAU-FORTE PURE.

13. **Balzac** (H. de). L'École des ménages, tragédie bour-geoise en cinq actes et en prose, précédée d'une lettre par le Vte de Spoelberch de Lovenjoul. Édition origi-nale illustrée d'un portrait d'après Bertall. Décoration de A. Robaudi, gravée par Manesse. *Paris, L. Carte-ret,* 1907, gr. in-8, broché.

Un des 75 exemplaires de grand luxe (n° 16) imprimés sur PAPIER DU JAPON, contenant les eaux-fortes en trois états, dont l'EAU-FORTE PURE.

14. **Balzac** (H.). La Mye du roy, conte drolatique. Manu-scrit et enluminé par Léon Lebègue. *Paris, Ch. Car-rington,* 1902, pet. in-4, broché (*Couvert. illust.*).

Un des 25 exemplaires (n° 14) imprimés sur PAPIER DU JAPON, contenant un tirage à part en noir de toutes les illustrations.

14 *bis.* **Balzac** (H. de). Une ténébreuse Affaire. Couver-ture illustrée et 28 compositions par François Schom-mer, gravées au burin et à l'eau-forte par Léon Boisson. *Paris, L. Carteret,* 1909, in-8, broché (*Couvert. illust.*).

Un des exemplaires (n° 11) imprimés sur PAPIER DU JAPON ; contenant les eaux-fortes hors texte dans le texte en trois états et dont l'EAU-FORTE PURE.

15. **Banville** (Théodore de). Bonjour Mademoiselle Ed-

mée (ballade pour Mademoiselle Edmée Daudet). *S. l. (Paris), s. d.*, in-8 de 8 pp.

Plaquette tirée à 5o exemplaires et ornée de 3 vignettes par *G. Fraipont.*

16. **Banville** (Théodore de). Odelettes. *Paris, Michel Lévy frères,* 1856, in-12, broché.

ÉDITION ORIGINALE.
Fortes mouillures.

17. **Banville** (Théodore de). Les Princesses. Compositions de Georges Rochegrosse, gravées à l'eau-forte par E. Decisy. *Paris, F. Ferroud,* 1904, gr. in-8, broché.

Exemplaire (n° 5o) imprimé sur PAPIER DU JAPON ; contenant les eaux-fortes en trois états, dont l'EAU-FORTE PURE.

18. **Banville** (Théodore de). Poésies complètes, 1841-1854. *Paris, Poulet-Malassis et de Broise,* 1857 (Première édit. collective). — Trente-six ballades joyeuses, précédées d'une histoire de la ballade par Ch. Asselineau. *Paris, Lemerre,* 1873 (ÉDIT. ORIG. sans le frontispice ni la couverture). — Contes pour les femmes, avec un dessin de Georges Rochegrosse. *Paris, Charpentier,* 1881 (ÉDIT. ORIG.). — Le Baiser, comédie. Dessin de Georges Rochegrosse. *Ibid., id.,* 1888. — Ens. 4 vol. in-12, brochés.

18 *bis*. **Banville** (Théodore de). Diane au bois, comédie héroïque en deux actes en vers. Lithographies originales de Maurice Eliot. *Paris, L. Carteret,* 1911, gr. in-8, broché.

Un des 3o exemplaires (n° 28) imprimés sur papier vélin du Marais ; contenant trois états des illustrations.

19. **Barbey d'Aurévilly** (J.). Memoranda. Préface de Paul Bourget. *Paris, Rouveyre et Blond,* 1883, in-12, portrait gravé à l'eau-forte par *Abot,* broché.

Réimpression du *Memorandum,* publié à Caen en 1856.
Un des 5o exemplaires, imprimés sur PAPIER DU JAPON.
La couverture ne contient que l'encadrement, sans texte.

20. **Barbey d'Aurévilly** (J.). Le Théâtre contemporain.

Paris, Maison Quantin, 1887-1889, 3 vol. in-12, brochés.

ÉDITION ORIGINALE.
Le tome I porte le nom de l'éditeur Frinzine et la date
de 1887.

21. **Barbey d'Aurévilly** (J.). Pensées détachées. Fragments sur les femmes. *Paris, Alphonse Lemerre*, 1889,
in-12, broché.

EDITION ORIGINALE.
Un des rares exemplaires imprimés sur PAPIER WHATMAN.

22. **Barbey d'Aurévilly** (J.). Le Bonheur dans le crime.
Préface par Paul Festugière. *Aux dépens de la Société
normande du livre illustré*, 1897, gr. in-8, broché.

Ouvrage tiré à 85 exemplaires (n° 67) sur papier vélin
du Marais, ornés d'un portrait gravé au burin par *Burney*
d'après *Lévy*, et de 12 illustrations de *F. Régamey*, gravées
à l'eau-forte par *Monziès* ; épreuves en trois états : EAU-FORTE
PURE, avant la lettre avec remarque et avec la lettre.

23. **Barbey d'Aurévilly** (J.). Polémiques d'hier. *Paris,
Savine*, 1889 (EDIT. ORIG.). — Dernières polémiques.
Ibid., *id.*, 1891 (EDIT. ORIG.). — Une page d'histoire
(1603). *Paris, Lemerre*, 1886 (EDIT. ORIG.). — Pensées
détachées. Fragments sur les femmes. *Ibid.*, *id.*, 1889
(ED. ORIG.). — Premier memorandum, 1836-1838. *Ibid.*,
id., 1900. — Deuxième memorandum (1838) et quelques pages de 1864. *Paris, Stock*, 1906. — De l'Histoire. *Paris, Lemerre*, 1905. — Ens. 7 vol. in-12 brochés.

24. **Barbier** (Auguste). Iambes, par Auguste Barbier.
Paris, Urbain Canel et Ad. Guyot, 1832, in-8, dos et
coins mar. La Vall., tête dor. (*Raparlier*).

EDITION ORIGINALE.

25. **Barrie** (J.-M.). Piter Pan dans les jardins de Ken-
sington. Illustré par Arthur Rackham. *Paris, Hachette
et C*, 1907, in-4, parchemin blanc, fers spéciaux, tête
dor., ébarbé (*Cartonn. des éditeurs*).

Un des 20 exemplaires de grand luxe (n° 10) imprimés
SUR PAPIER DU JAPON.

26. **Baudelaire** (Charles). Les Fleurs du Mal. *Paris, Poulet-Malassis et de Broise,* 1857, in-12, mar. vert foncé, jans., chiffre aux angles, tête dor., non rogné (*Petit, succ. de Simier*).

> EDITION ORIGINALE.
> Portrait gravé par *Manet,* ajouté.

27. **Baudelaire** (Charles). Souvenirs, correspondances, bibliographie, suivie de pièces inédites. *Paris, chez René Pincebourde,* 1872, pet. in-8, broché.

> EDITION ORIGINALE.

28. **Baudelaire** (Charles). Souvenirs, correspondances, bibliographie, suivie de pièces inédites. *Paris, chez René Pincebourde,* 1872, in-8 broché.

> EDITION ORIGINALE.
> Un des quelques exemplaires imprimés sur GRAND PAPIER VERGÉ.

29. **Baudelaire** (Charles). Lettres, 1841-1866. Portrait en héliogravure. *Paris, Mercure de France,* 1906. — Œuvres posthumes. Portrait gravé sur bois. *Ibid., id.,* 1908. — Ens. 2 vol. in-8, brochés.

30. **Bazin** (René). Contes de bonne Perrette. *Paris, Calmann-Lévy, s. d.,* in-12, broché.

> EDITION ORIGINALE.
> Un des 15 exemplaires (nº 10) imprimés sur PAPIER DE HOLLANDE.

31. **Bazin** (René). La Barrière. *Paris, Calmann-Lévy, s. d.,* in-12, broché.

> EDITION ORIGINALE.
> PAPIER DE HOLLANDE.

32. **Bazin** (René). La Barrière. *Paris, Calmann-Lévy, s. d.,* in-12, broché.

> EDITION ORIGINALE.

33. **Bazin** (René). Le Guide de l'empereur. *Paris, Calmann-Lévy, s. d.,* in-12, broché.

> EDITION ORIGINALE.
> Un des 15 exemplaires (nº 7) imprimés sur PAPIER DE HOLLANDE.

34. **Bazin** (René). Les Oberlé. *Paris, Calmann-Lévy, s. d.*, in-12, broché.

> Edition originale.
> Papier de Hollande.

35. **Bazin** (René). Les Oberlé. *Paris, Calmann-Lévy, s. d.* — Le Guide de l'Empereur. *Ibid., id., s. d.* — Donatienne. *Ibid., id., s. d.* — Ens. 3 vol. in-12, brochés.

> Editions originales.

36. **Béranger** (P.-J. de). Chansons nouvelles par M. P.-J. de Béranger. *A Paris, chez les marchands de nouveautés*, 1825, in-18, cart. demi-toile rose, non rogné (*Couvert.*).

> Troisième partie originale composée de 53 chansons nouvelles.

37. **Blondel** (Spire). Le Tabac. Le Livre des Fumeurs et des priseurs. Préface du baron Oscar de Watteville. 113 illustrations de G. Fraipont, dont 16 hors texte en couleurs. *Paris, H. Laurens*, 1891, gr. in-8, broché (*Couvert. ill.*).

> Un des 30 exemplaires (n° 25) imprimés sur papier du Japon, contenant un état en noir des 16 planches hors texte.
> Cet exemplaire est orné sur le faux-titre d'une aquarelle originale de G. Fraipont.

38. **Boccace.** La Fiancée du roy de Garbe ; traduction de Anthoine Le Maçon imagée et vignettée par Léon Lebègue. *Paris, H. Floury*, 1903, pet. in-4, broché (*Couvert. illust.*).

> Exemplaire n° XXVII, non mis dans le commerce, imprimé sur papier vélin teinté à la forme, contenant le tirage a part en noir, sur Chine, de toutes les illustrations.

39. **Borel** (Petrus). Rapsodies. *Bruxelles, chez tous les libraires*, 1868, in-18, broché.

> Tiré à 200 exemplaires (n° 23) imprimés sur papier vergé ; frontispice et deux vignettes.

40. **Bossuet.** Discours sur l'histoire universelle. Edition augmentée des nouvelles additions et des variantes de texte. *A Paris, chez Lefevre*, 1823, 2 vol. in-8, veau

rose, plats ornés d'une plaque à la cathédrale, dos orné, dent. int., tr. dor. (*Cassassus*).

Reliure romantique bien conservée.

41. **Bourget** (Paul). Pastels, dix portraits de femmes. Nouvelle édition revue et corrigée par l'auteur. Illustrations de Robaudi et Giraldon. *Paris, L. Conquet*, 1895, in-8, mar. bleu, fil. droits et courbes, dos orné, doubl. et gardes d'étoffe brochée, fil., tr. dor., couvert., étui |*Marius Michel*|.

Tirage unique à 200 exemplaires (n° 115) imprimés sur papier du Japon, ornés de 11 aquarelles de Robaudi reproduites par Chauvet et Hellé et imprimées en couleurs.
On y a ajouté une AQUARELLE ORIGINALE de ROBAUDI.

42. **Bourget** (Paul). Edel, poème. *Paris, Lemerre*, 1878. — Cruelle énigme. *Ibid., id.*, 1885. — Les Aveux. *Ibid., id.*, 1882. — Mensonges. *Ibid., id.*, 1887. — Outre-mer (notes sur l'Amérique). *Ibid., id.*, 1895, 2 vol. — Recommencements. *Ibid., id.*, 1897. — Complications sentimentales. *Ibid., id.*, 1898. — La Duchesse bleue. *Ibid., id.*, 1898. — Sensations d'Italie. *Ibid., id., s. d.* (La couvert. porte 18e mille). — Drames de famille. *Paris, Plon, s. d.* — Ens. 11 vol. in-12, brochés.

EDITIONS ORIGINALES.

43. **Breton** (Jules). Jeanne, poème. *Paris, Charpentier*, 1880, in-12, broché.

EDITION ORIGINALE.
Un des 35 exemplaires (n° 31) imprimés sur PAPIER DE HOLLANDE.

44. **Brieux** (Eug.). Le Bureau des divorces, vaudeville en un acte. *Paris, L. Vanier*, 1880. — L'Evasion, comédie en trois actes. *Paris, P.-V. Stock*, 1897. — Résultat des courses, comédie en six tableaux. *Ibid., id.*, 1898. — Les trois filles de M. Dupont, comédie en quatre actes. *Ibid., id.*, 1899. — Les Remplaçantes, pièce en trois actes. *Ibid., id.*, 1901. — Les Avariés. *Ibid., id.*, 1902. — Maternité, pièce en trois actes. *Ibid., id.*, 1904. — Ens. 7 vol. in-12, brochés.

EDITIONS ORIGINALES.

45. **Brisson** (Adolphe). L'Envers de la gloire. Enquêtes et documents inédits sur Victor Hugo, E. Renan, Emile Zola, Edgar Quinet, le P. Didon, etc., etc. *Paris, E. Flammarion, s. d.*, in-12, broché.

> EDITION ORIGINALE.
> Un des 20 exemplaires (n° 15) imprimés sur PAPIER DU JAPON.

46. **Burty** (Philippe). Maîtres et petits maîtres. *Paris, G. Charpentier*, 1877, in-12, broché.

> EDITION ORIGINALE.
> Un des 30 exemplaires (n° 12) imprimés sur PAPIER DE HOLLANDE.

47. **Cahiers** (Les) du Capitaine Coignet (1776-1850), publiés d'après le manuscrit original par Lorédan Larchey. Illustrés par J. Le Blant. *Paris, Hachette et Cie*, 1888, in-4, demi-rel. mar. vert à longs grains, tête dor., couvert. (*Affolter*).

48. **Cahu** (Théodore) et Maurice **Leloir**. Richelieu. Avant-propos de Gabriel Hanotaux. *Paris, Combet et Cie*, 1901, in-4, broché (*Couvert. illust.*).

> Un des 75 exemplaires (n° 18) imprimés sur PAPIER DU JAPON.

49. **Cailhava d'Estandoux.** Les Contes de l'abbé de Colibri. Nouvelle édition avec préface par un homme de lettres fort connu (Charles Monselet). *Paris, Théophile Belin*, 1881. — **Contes à rire** et aventures plaisantes ou récréations françaises. Nouvelle édition revue et corrigée, avec préface par A. Chassant. *Ibid., id.*, 1881. — Ens. 2 vol. pet. in-8, brochés.

> PAPIER DE HOLLANDE.

50. **Cailhava d'Estandoux.** Les Contes de l'abbé de Colibri ; nouvelle édition avec préface par un homme de lettres fort connu (Charles Monselet). *Paris, Théophile Belin*, 1881. — **Contes à rire** et aventures plaisantes, ou récréations françaises. Nouvelle édition revue et corrigée, avec préface par A. Chassant. *Ibid., id.*, 1881. — Ens. 2 vol. in-8, brochés.

> Un des 100 exemplaires imprimés sur PAPIER WHATMAN.

51. **Capon** (G.) et **Yve-Plessis** (R.). Fille d'opéra, vendeuse d'amour. Histoire de Mlle Deschamps (1730-1764), racontée d'après des notes de police et des documents inédits. Ouvrage orné de 4 planches en couleurs, d'un plan et de deux fac-simile. *Paris, Plessis*, 1906, in-8, broché.

52. **Capus** (Alfred). Brignol et sa fille, comédie en trois actes. — Petites folles, comédie en trois actes. *Paris, Fasquelle*, 1905, in-12, broché (*Couvert.*).

Édition originale.
Un des 15 exemplaires (n° 5) imprimés sur papier du Japon.
On y joint : Capus (Alfred). La Chatelaine, comédie en quatre actes. *Paris, Fasquelle*, 1904 (Edit. originale). — Gachons (Jacques des). La Chatelaine, roman tiré de la pièce de A. Capus. *Paris, Juven, s. d.* — Ens. 3 vol.

53. **Cazotte** (Jacques). Le Diable amoureux, avec la préface de Gérard de Nerval. Sept eaux-fortes par Ad. Lalauze. *Paris, Lib. des Bibliophiles*, 1883, in-12, broché.

54. **Centaure** (Le), rédigé par MM. Henri Albert, André Gide, Pierre Louÿs, H. de Régnier... avec la collaboration artistique de MM. Anquetin, J.-E. Blanche, A. Charpentier, Albert Bénard, Charles Léandre, etc. *Paris*, 1896. 2 vol. pet. in-4, cartonnés, non rognés.

55. **Cervantes**. L'Histoire de Don Quichotte de la Manche. Première traduction française par C. Oudin et F. de Rosset, avec une préface par E. Gebhart. Dessins de J. Worms, gravés à l'eau-forte par de Los Rios. *Paris, Lib. des Bibliophiles*, 1884, 6 vol. in-8, brochés.

Un des 170 exemplaires (n° 151) imprimés sur papier de Hollande.

56. **Cervantes**. L'Ingénieux hidalgo Don Quichotte de la Manche ; illustré par Daniel Viérge. *Paris, Hachette et Cie*, 1909, 4 vol. gr. in-8, brochés, couvert., étuis.

Un des 340 exemplaires (n° 43) imprimés sur papier vélin.

57. **Chambon** (Félix). Notes de Prosper Mérimée. *Paris, aux frais de l'auteur*, 1902, in-8, broché.

> Un des 15 exemplaires imprimés sur PAPIER DU JAPON.
> L'édition n'a été tirée qu'à 170 exemplaires dont 117 seulement mis dans le commerce.

58. **Champfleury**. Les Excentriques. *Paris, Michel Lévy frères*, 1856. — Les Souffrances du professeur Delteil. *Ibid., id.*, 1857. — Le Réalisme. *Ibid., id.*, 1857. — Souvenirs des funambules. *Ibid., id.*, 1859. — Ens. 4 vol. in-12, brochés.

> ÉDITIONS ORIGINALES, sauf les *Souffrances du professeur Delteil*.

59. **Champsaur** (Félicien). Les Bohémiens, ballet lyrique en 4 actes et 9 tableaux. *Paris, E. Dentu*, 1887, in-8, dos et coins mar. citron, tête dor., non rogné, couvert. (*Champs*).

> Un des 25 exemplaires (n° 3) imprimés sur PAPIER DU JAPON.
> Dessins hors texte et dans le texte par *Cheret, Grevin, Lunel, L. Morin, F. Rops*, etc.

60. **Chansonnier normand**. Préface de Joseph L'Hopital. Table historique de A. Join Lambert. Décoration de Ad. Giraldon. *Paris, aux dépens de la Société normande du Livre illustré*, 1905, gr. in-8, cartonn. toile verte, non rogné (*Couvert.*).

> Tirage à 125 exemplaires imprimés sur papier vélin.

61. **Chenier** (André de). Œuvres complètes d'André de Chenier. *Paris, Foulon et compagnie*, 1819, in-8, mar. bleu, fil., dos orné, dent. int., tr. dor. (*Chambolle-Duru*).

> ÉDITION ORIGINALE.
> Bel exemplaire ; sans la musique de la *Jeune captive*.

62. **Choderlos de Laclos**. Les Liaisons dangereuses. Lithographies en couleurs de Lubin de Beauvais. *Paris, F. Ferroud*, 1908, gr. in-8, broché.

> Un des 40 exemplaires imprimés sur PAPIER DU JAPON ; contenant TROIS ÉTATS des lithographies, sur Chine et sur Japon, et un DESSIN ORIGINAL, aux crayons de couleurs, par LUBIN DE BEAUVAIS.

63. **Collection Bijou**. *Paris, Lib. des Bibliophiles*, 1882-
1889, 4 vol. in-12, brochés.

> Anacréon. Poésies nouvellement traduites et accompa-
> gnées d'une préface par Maurice Albert. Compositions d'É-
> mile Lévy, gravées à l'eau-forte par *Champollion*. Dessins de
> *Giacomelli*, gravés sur bois par *Rouget*, 1885. — Eschyle.
> L'Orestie, traduction d'Alexis Pierron. Dessins de *Roche-
> grosse*, gravés à l'eau-forte par *Champollion*, 1889. — Tasse.
> Aminte. Traduction du sieur de la Brosse. Compositions
> de *V. Ranvier*, gravées à l'eau-forte par *Champollion*. Des-
> sins de *Giacomelli* gravés sur bois par *Méaulle*, 1882. —
> Théocrite. Idylles. Traduction nouvelle par Jules Girard.
> Compositions d'*Emile Lévy*, gravées à l'eau-forte par *Cham-
> pollion*, dessins de *Giacomelli*, gravés sur bois par *Berveiller*,
> 1888.

64. **Coppée** (François). Contes en vers et poésies diverses. *Paris, A. Lemerre*, 1880. — Contes en prose.
Ibid., id., 1882. — Arrière-Saison, poésies. *Ibid., id.*,
1887. — Ens. 3 vol. in-12, brochés.

> Éditions originales.

65. **Corbière** (Tristan). Les Amours jaunes. *Paris, Glady
frères*, 1873, gr. in-12, broché (*Couvert.*).

> Tirage à petit nombre.
> Exemplaire imprimé sur papier de Hollande.

66. **Cros** (Charles). Le Coffret de Santal. *Paris, Tresse*,
1879, in-12, broché.

> Seconde édition contenant des pièces qui ne sont pas dans
> la première.

67. **Daudet** (Alphonse). Sapho. Compositions de Au-
guste-François Gorguet; gravures à l'eau-forte de
Louis Muller. *Paris, Armand Magnier*, 1897, in-8,
mar. tête de nègre, encad. de 10 filets dor. et d'une
bande de mar. grenat, dos orné et mosaïqué, doubl.
et gardes de soie grenat, encad. de 8 fil. gras et mai-
gres, tr. dor., couvert., étui (*Carayon*).

> Un des 38 exemplaires (n° 43) imprimés sur papier de
> Chine extra fort contenant une triple suite de toutes les
> illustrations dans le texte et une quadruple suite des illus-
> trations hors texte.
> On y a joint une lettre autographe de François Gorguet.

68. **Daudet** (Alphonse). Robert Helmont ; études et paysages. *Paris, Dentu,* 1874. — L'Evangéliste. *Ibid.,
id.,* 1883. — Sapho, mœurs parisiennes. *Paris, Charpentier,* 1884. — Ens. 3 vol. in-12, brochés.

> Éditions originales.
> La couverture de *Robert Helmont* porte 3ᵉ édition.

69. **Daudet** (Alphonse). La Mort du Dauphin, illustrations de O.-D.-V. Guillonnet, gravées à l'eau-forte par
Xavier Lesueur. *Paris, F. Ferroud, s. d.* (1907), in-8
carré, broché (*Couvert. illust.*).

> Un des 25 exemplaires (n° 11) imprimés sur papier du
> Japon ancien contenant les eaux-fortes en trois états dont
> l'eau-forte pure et une aquarelle inédite de O.-D.-V.
> Guillonnet.
> On y a joint le prospectus de l'ouvrage.

70. **De Coster** (Charles). Contes brabançons. Illustrations de MM. de Groux, de Schampheleer, Duwée,
Félicien Rops, Van Camp & Otto von Thoren, gravées par William Brown. *Paris, Michel Lévy frères,*
1861, in-8, dos et coins mar. rouge à longs grains, fil.,
dos orné, tête dor. (*Couvert.*).

> Édition originale.
> Ouvrage orné de 8 gravures hors texte.

71. **Delille** (Jacques). L'Imagination, poème. Deuxième
édition accompagnée de notes historiques et littéraires et augmentée d'environ cinq cents vers nouveaux.
A Paris, chez G. Michaud, 1819, 2 vol. in-8, fig., mar.
à longs grains, dent. à froid et dent. dor., dos orné,
dent. int., tr. dor. (*Simier*).

> Exemplaire aux armes de Louis XVIII.

72. **Delorme** (Hugues). Quais et trottoirs. 13 lithographies en couleurs de Heidbrinck. *Paris, Imprimé pour
les Cent Bibliophiles,* 1898, in-8, broché.

> Tirage à 115 exemplaires (n° 32).

73. **Désaugiers**. Chansons, précédées d'une notice par Alfred Delvau. *Paris, J. Bry aîné,* 1859, in-8, broché
(*Couvert.*).

> Cette édition est ornée d'une figure hors texte et de vi-
> gnettes dans le texte, par *Nadar,* gravées sur bois.

74. **Descaves** (Lucien). Flingot. Illustrations et gravures de Georges Jeanniot. *Paris, Librairie de la Collection des Dix, Romagnol, s. d.*, pet. in-8, broché.

> Un des 130 exemplaires (n° 38) imprimés sur papier vélin d'Arches, contenant trois états des eaux-fortes, dont l'EAU-FORTE PURE.

75. **Dickens** (Charles). Monsieur Minns. Horace Sparkins, par Charles Dickens, adaptation de F. de Montfrileux. *Paris, Le Livre et l'estampe, s. d.* (1903), in-8 carré, broché (*Couvert. illust.*).

> Papier à la forme des papeteries d'Arches ; illustrations en couleurs.

76. **Dierx** (Léon). Poèmes et poésies. *Paris, E. Sausset,* 1864. in-12, broché.

> ÉDITION ORIGINALE, très rare, du premier recueil de Léon Dierx.

77. **Dierx** (Léon). Poésies (1864-1872). Édition refondue, corrigée et augmentée. *Paris, Alph. Lemerre,* 1872, in-12, broché.

> Rare.
> Envoi autographe à Léon Grandet.

78. **Dierx** (Léon). Poésies (1864-1872). Édition refondue, corrigée et augmentée. *Paris, Lemerre,* 1872. — Les Amants, poésies. *Ibid., id.,* 1879 (ED. ORIG.). — Ens. 2 vol. in-12, brochés.

79. **Donnay** (Maurice). Éducation de prince. *Paris, Ollendorff,* 1895, in-12, broché.

> ÉDITION ORIGINALE.
> Un des quelques exemplaires imprimés sur PAPIER DE HOLLANDE.

80. **Dorat.** Les Baisers, précédés du Mois de mai. Réimpression textuelle sur l'édition originale de 1770, avec les gravures d'Eisen. *Rouen, Lemonnyer,* 1880, in-8, broché.

> Exemplaire imprimé sur PAPIER DE HOLLANDE.

81. **Doucet** (Jérôme). Trois Légendes d'or, d'argent et de cuivre. — Sainte Marie l'Égyptienne, le beau visage de la mort, l'âme du samovar. — Illustrées de 33 compositions par Georges Rochegrosse, gravées en taille-douce. *Paris, A. Ferroud,* 1901, in-8, broché.

Exemplaire n° 346, imprimé sur papier vélin d'Arches.

82. **Doucet** (Jérôme). Anacréon (Introduction et pièces choisies). Illustré de huit compositions de Louis-Édouard Fournier. Eaux-fortes de Pennequin. *Paris, A. Ferroud,* 1903, in-8, broché.

Un des 25 exemplaires (n° 4) imprimés sur PAPIER DU JAPON ; contenant les illustrations en 3 états, dont l'EAU-FORTE PURE.
Exemplaire sans le dessin original de L.-E. Fournier.

83. **Doucet** (Jérôme). Pétrone (Introduction et fragments). Illustrés de huit compositions de Louis-Édouard Fournier. Eaux-fortes de Xavier Lesueur. *Paris, A. Ferroud,* 1902, in-8, broché.

Un des 25 exemplaires (n° 21) imprimés sur PAPIER DU JAPON ; contenant les illustrations du texte en 3 états dont l'EAU-FORTE PURE et une COMPOSITION ORIGINALE de L.-E. FOURNIER.

84. **Dovalle** (Ch.). Le Sylphe, poésies de feu Ch. Dovalle, précédées d'une notice par M. Louvet, et d'une préface par Victor Hugo. *Paris, Ladvocat,* 1830, gr. in-8, broché.

ÉDITION ORIGINALE.
Un petit trou de ver traverse le volume.

85. **Droz** (Gustave). Monsieur, Madame et Bébé. Édition illustrée par Edmond Morin et ornée d'un portrait de l'auteur, en frontispice, gravé par Léopold Flameng. *Paris, Victor Havard,* 1878, gr. in-8, dos et coins mar. bleu, fil., dos orné et mosaïqué, tête dor., couvert. (*Bretault*).

Un des 150 exemplaires (n° 110) imprimés sur PAPIER DE HOLLANDE.

86. **Drumont** (Édouard). La France juive. Essai d'his-

toire contemporaine. *Paris, Marpon et Flammarion,
s. d.* (1886), 2 vol. — La France juive devant l'opi-
nion. *Ibid., id.*, 1886. — La dernière bataille. *Paris,
Dentu*, 1890. — Vieux portraits et vieux cadres, 110
dessins par Gaston Coindre. *Paris, Flammarion,
s. d.* — Ens. 5 vol. in-12, brochés.

ÉDITIONS ORIGINALES, sauf la « *France juive devant l'opi-
nion* ».

87. **Dumas fils** (Alexandre). La Dame aux camélias. Préface de Jules Janin et nouvelle préface inédite de l'auteur. Illustrations de A. Lynch. *Paris, Quantin, s. d.*,
in-4, dos et coins mar. blanc, fil., tête dor., non rogné
(*Couvert.*).

88. **Dumas fils** (Alexandre). Un Père prodigue, comédie
en cinq actes, par Alexandre Dumas fils. *Paris, en vente
à la Librairie théâtrale*, 1859, in-8, dos et coins mar.
rouge, tête dor., non rogné (*Bertrand*).

PREMIÈRE ÉDITION in-8.
Exemplaire imprimé en GRAND PAPIER.

89. **Duseigueur** (Maurice). Marcelle. Poème parisien.
Orné de quatre eaux-fortes. *Paris, Librairie des bibliophiles*, 1877, pet. in-8, dos et coins chag. La Vall.,
fil., dos orné, tête dor., ébarbé.

ÉDITION ORIGINALE.
Un des 75 exemplaires (n° 67) imprimés sur PAPIER WHAT-
MAN; contenant les eaux-fortes de *L. Flameng* en deux
états.

90. **Érasme.** Éloge de la Folie, augmenté de la préface
d'Érasme adressée à Thomas Morus son ami. Notice
de Gabriel Hanotaux. *Paris, pour les Amis des Livres*,
1906, in-8, en feuilles, dans le cartonnage de publication.

Édition tirée à 137 exemplaires; 46 compositions gravées
sur bois par *Auguste Lepère* et imprimées en couleurs.

91. **Esparbès** (Georges d'). Le Roi, poème épique précédé d'une préface de Maurice Barrès. *Paris, Flammarion, s. d.*, in-12, broché.

ÉDITION ORIGINALE.

92. **Fabre** (Ferdinand). L'Abbé Tigrane, candidat à la papauté. *Paris, Aph. Lemerre,* 1873, in-12, broché.

Édition originale.

93. **Fabre** (Ferdinand). L'Abbé Tigrane, avec deux dessins de Jean-Paul Laurens, gravés par Ch. Courtry. *Paris, G. Charpentier,* 1880, in-32, broché.

Un des 25 exemplaires (n° 24) imprimés sur papier de Chine ; eaux-fortes tirées sur Hollande.

94. **Feuillet** (Octave). Monsieur de Camors. Onze compositions par S. Rejchan, gravées à l'eau-forte par Mme Louveau-Rouveyre, MM. Daumont et Duvivier. *Paris, A. Quantin,* 1885, gr. in-8, broché.

De la collection des « *Chefs-d'œuvre du roman contemporain* ».

Un des 100 exemplaires (n° 27) imprimés sur papier du Japon, contenant les eaux-fortes en deux états : avant la lettre sur Japon et avec la lettre sur vélin.

Cet exemplaire est enrichi, sur le faux-titre, d'une grande aquarelle originale de Bourdin.

95. **Feuillet** (Octave). Bellah. *Paris, Michel Lévy frères,* 1852. — Histoire de Sibylle. *Ibid., id.,* 1863. — Monsieur de Camors. *Ibid., id.,* 1867. — Histoire d'une parisienne. *Ibid., id.,* 1881. — La Veuve. Le Voyageur. *Ibid., id.,* 1884. — La Morte. *Ibid., id.,* 1886. — Le Divorce de Juliette. *Ibid., id.,* 1889. — Ens. 7 vol. in-12, brochés.

Éditions originales.

96. **Fischer** (Max. et Alex). Pour s'amuser en ménage. Roman. *Paris, Ernest Flammarion, s. d.,* in-12, broché (*Couvert. illust.*).

Édition originale.

Un des 20 exemplaires (n° 23) imprimés sur papier du Japon.

97. **Flaubert** (Gustave). Trois contes de Flaubert. *Paris, A. Ferroud,* 1892-1895, 3 vol. in-8, mar. rouge, compart. formés de 12 filets, dont 8 entrelacés, dos orné, tr. dor., étui (*David*).

Hérodias ; compositions de Georges Rochegrosse, gravées

à l'eau-forte par Champollion. Préface par Anatole France. *Paris*, 1892. — UN CŒUR SIMPLE, illustré de vingt-trois compositions par E. Adam, gravées à l'eau-forte par Champollion. Préface par A. de Claye. *Paris*, 1894. — LA LÉGENDE DE SAINT JULIEN L'HOSPITALIER ; illustrée de vingt-six compositions par Luc-Olivier Merson, gravées à l'eau-forte par Géry Bichard. Préface par Marcel Schwob. *Paris*, 1895.

Exemplaires imprimés sur grand PAPIER VÉLIN D'ARCHES : contenant toutes les figures (dans le texte et hors texte), en deux états : AVANT et avec la lettre.

98. **Flaubert** (Gustave). A bord de la Cange. Neuf compositions de A. Robaudi, gravées à l'eau-forte par C. Chessa. *Paris, F. Ferroud*, 1904, in-12, broché.

Exemplaire n° 100, imprimé sur papier vélin d'Arches.

99. **Flaubert** (Gustave). Madame Bovary. Compositions de Alfred de Richemont, gravées à l'eau-forte par C. Chessa. Préface par Léon Hennique. *Paris, F. Ferroud*, 1905, pet. in-4, broché.

Exemplaire (n° 75) imprimé sur GRAND VÉLIN D'ARCHES, contenant les eaux-fortes en trois états, dont l'EAU-FORTE PURE.
On y a joint le prospectus de l'ouvrage.

100. **Flaubert** (Gustave). La Tentation de Saint Antoine. Compositions de Georges Rochegrosse, gravées en couleurs par E. Decisy. *Paris, F. Ferroud*, 1907, gr. in-8, broché.

Un des 60 exemplaires (n° 40) imprimés sur PAPIER DU JAPON, contenant les eaux-fortes en trois états : le premier état en noir, l'état terminé en couleurs, avec remarques, et l'état avec la lettre.

101. **Florian**. Fables, avec une préface par Honoré Bonhomme. Dessins d'Emile Adan, gravés à l'eau-forte par Le Rat. *Paris, Lib. des Bibliophiles*, 1886, in-12, broché.

102. **Florian**. Kédar et Améla. Illustré de dix compositions en couleurs de L. Fauret. Préface par A. de Claye. *Paris, A. Ferroud*, 1901, in-12, broché.

Exemplaire n° 155, imprimé sur papier vélin d'Arches.

103. **Forain** (J.-L.). La Comédie parisienne. 1re série. 250 dessins. Deuxième série. 188 dessins. *Paris, Charpentier et Plon,* 2 vol. in-12, brochés.

> On y joint : Grandval (J.). De la Comédie française aux boulevards. *Paris, Ollendorff,* 1906, in-8, broché.

104. **France** (Anatole). Les Opinions de M. Jérôme Coignard. *Paris, Calmann-Lévy,* 1893, in-12, broché.

Édition originale.

105. **France** (Anatole). Le Lys rouge. *Paris, Calmann-Lévy,* 1894, in-12, broché.

Édition originale.

106. **France** (Anatole). Le Puits de Sainte Claire. *Paris, Calmann-Lévy,* 1895, in-12, broché.

Édition originale.

107. **France** (Anatole). Le Mannequin d'osier. *Paris, Calmann-Lévy,* 1897, in-12, broché.

Édition originale.

108. **France** (Anatole). L'Anneau d'amethyste. *Paris, Calmann-Lévy,* 1899, in-12, broché.

Édition originale.

109. **France** (Anatole). Pierre Nozière. *Paris, Alph. Lemerre,* 1899, in-12, broché.

Édition originale.

110. **France** (Anatole). Pierre Nozière. *Paris, Alphonse Lemerre,* 1899, in-12, broché.

Édition originale.

111. **France** (Anatole). Monsieur Bergeret à Paris. *Paris, Calmann-Lévy,* s. d. (1901), in-12, broché.

Édition originale.

112. **France** (Anatole). Funérailles d'Emile Zola. Discours prononcé au cimetière Montmartre, le cinq octo-

bre 1902, par M. Anatole France. *Paris, Édouard Pelletan,* 1902, in-8 carré, broché.

Tirage unique à 125 exemplaires (n° 98),
Compositions de *Steinlen, Froment* et *Perrichon.*

113. **France** (Anatole). Mémoires d'un volontaire. Compositions de Adrien Moreau, gravées à l'eau-forte par
Xavier Lesueur. *Paris, A. Ferroud,* 1902, in-8, broché.

Exemplaire (n° 117) imprimé sur papier du Japon ; contenant les illustrations en deux états : avant et avec la
lettre.

114. **France** (Anatole). Histoire de doña Maria d'Avalos
et de don Fabricio, duc d'Andria, manuscrite et enlu-
minée par Léon Lebègue. *Paris, Librairie des Bibliophiles,* 1902, pet. in-4, broché (*Couvert. illust.*).

Un des 15 exemplaires (n° 5) imprimés sur papier du
Japon contenant une aquarelle originale de Léon Lebègue,
une suite en deux couleurs et une suite en noir sur papier
de Chine.

115. **France** (Anatole). Le Lys rouge. Compositions de
A.-F. Gorguet, gravées sur bois par Desmoulins, Du-
theil, Romagnol, et en couleurs par Ch. Thévenin.
Paris, Librairie de la Collection des dix, 1903, gr. in-8,
broché.

Un des 90 exemplaires (n° 34) imprimés sur papier du
Japon, contenant deux états des planches hors texte : l'état
terminé en couleurs avec remarque et l'état avant la lettre,
et une suite, sur Japon, des bois du texte.

116. **France** (Anatole). Histoire comique. *Paris, Calmann-
Lévy,* s. d. (1903), in-12, broché.

Edition originale.

117. **France** (Anatole). Histoire comique. *Paris, Calmann-
Lévy,* s. d. (1903), in-12, broché.

Edition originale.
Papier de Hollande.

118. **France** (Anatole). Crainquebille, Putois, Riquet et

plusieurs autres récits profitables. *Paris, Calmann Lévy, s. d.* (1904), in-12, broché.

EDITION ORIGINALE.

119. **France** (Anatole). Le Jongleur de Notre-Dame. Texte calligraphié enluminé et historié par Malatesta. *Paris, F. Ferroud,* 1906, gr. in-8 carré, dos et coins mar. bleu, tête dor., non rogné, couvert. (*David*).

Exemplaire (n° 150) imprimé sur papier impérial du Japon.

120. **France** (Anatole). Le Tombeau de Molière composé par Anatole France pour Madame Bartet. *Paris, Edouard Pelletan,* 1908, pet. in-4, broché.

Tirage unique à 160 exemplaires (n° 114) orné d'un portrait dessiné par *Jeanniot* et gravé par *Ernest Florian.*

121. **France** (Anatole). Vie de Jeanne d'Arc. *Paris, Manzi, Joyant et Cie, et Calmann-Lévy, s. d.* (1909), 4 vol. gr. in-8, brochés.

Edition définitive, tirée à 300 exemplaires (n° 64) sur papier de Hollande à la forme ; elle est ornée de planches hors texte en noir et en couleurs.

122. **France** (Anatole). Vie de Jeanne d'Arc. *Paris, Calmann Lévy, s. d.,* 2 vol. in-8, brochés.

EDITION ORIGINALE.
Un des 75 exemplaires (n° 3) imprimés sur PAPIER DU JAPON.

123. **France** (Anatole). Le Procurateur de Judée, avec 14 compositions d'Eugène Grasset, gravées par Ernest Florian. *Paris, Ed. Pelletan,* 1902, pet. in-4, broché (*Couvert.*).

Un des 368 exemplaires (n° 235) imprimés sur papier vélin à la forme.

124. **France** (Anatole). La Leçon bien apprise, conte imagé par Léon Lebègue. *Paris, pour les Bibliophiles indépendants,* 1898, pet. in-4, broché (*Couvert. illustr.*).

Tirage à 210 exemplaires (n° 74) sur papier vélin, contenant un TIRAGE A PART en noir sur Chine, de toutes les illustrations.

125. **France** (Anatole). Les Contes de Jacques Tourne-broche. Illustrations de Léon Lebègue. *Paris, Calmann Lévy, s. d.*, in-12, broché (*Couvert. illust.*).

126. **France** (Anatole). Thaïs. Quinze compositions, dont un frontispice en couleurs, par Georges Rochegrosse, gravées à l'eau-forte par E. Decisy. *Paris, F. Ferroud*, 1909, in-8, broché (*Couvert. illust.*).

Un des 65 exemplaires (n° 37) imprimés sur PAPIER DU JAPON, contenant les eaux-fortes en trois états, dont l'EAU-FORTE PURE.

127. **France** (Anatole). Thaïs. Quinze compositions, dont un frontispice en couleurs, par Georges Rochegrosse, gravées à l'eau-forte par E. Decisy. *Paris, A. Ferroud*, 1909, in-8, dos et coins mar. bleu, tête dor., non rogné, couvert. (*Bernasconi*).

Exemplaire imprimé sur papier vélin d'Arches. Le frontispice est gravé en couleurs.

128. **Fromentin** (Eugène). Un Été dans le Sahara. *Paris, Michel Lévy*, 1857, in-12, broché. ÉDIT. ORIG. (On a gratté du texte sur la couverture). — Une Année dans le Sahel. *Paris, Alph. Lemerre, 1874*, in-8. — Ens. 2 vol. brochés.

On y joint un exemplaire de la 9ᵉ édition, du second ouvrage, publiée chez Plon en 1898, in-12, broché.

129. **Gautier** (Théophile). Italia. *Lecou*, 1852. — Mademoiselle de Maupin. *Charpentier*, 1859. — La Belle Jenny. *Michel Lévy*, 1865. — Voyage en Russie. *Charpentier*, 1866, 2 vol. — Emaux et camées. *Ibid., id.*, 1874. — Portraits contemporains. *Ibid., id.*, 1874. — Fusains et eaux-fortes. *Ibid., id.*, 1880. — Les Vacances du Lundi. *Ibid., id.*, 1881. — Ens. 9 vol. in-12, dont 8 brochés et 1 vol. demi-bas. brune.

ÉDITIONS ORIGINALES sauf pour « *Mademoiselle de Maupin* et *Emaux et Camées.*
On y a joint : BERGERAT (E.). Théophile Gautier, entretiens, souvenirs et correspondance. *Paris, Charpentier*, 1879. — FEYDEAU (E.). Théophile Gautier. Souvenirs intimes. *Paris, Plon*, 1874. — Ens. 2 vol. in-12.

13o. **Gautier** (Théophile). La mille et deuxième nuit, illustrée de neuf compositions par Ad. Lalauze. Préface par L. Gastine. *Paris, A. Ferroud*, 1898, in-8, dos et coins mar. grenat, tête dor., non rogné (*Couvert.*).

Exemplaire n° 228 imprimé sur papier vélin d'Arches.

131. **Gautier** (Théophile). Le Pavillon sur l'eau ; compositions en couleurs de Henri Caruchet. Préface par Camille Mauclair. *Paris, A. Ferroud*, 1900, in-8, dos et coins mar. rouge, tête dor., non rogné, couvert. (*David*).

Exemplaire n° 284, imprimé sur papier vélin d'Arches.

132. **Gebhart** (Emile). La dernière Nuit de Judas. Compositions et gravures en couleurs par Gaston Bussière. *Paris, Ferroud*, 1908, pet. in-4, mar. rouge, fil., dent. int., tête dor., non rogné, couvert. (*Bernasconi*).

Exemplaire n° 102, imprimé sur papier du Japon, contenant les figures en deux états : avant la lettre avec remarque, et avec la lettre.

133. **Gill** (André). La Muse à Bibi. *Paris, Marpon et Flammarion*, 1881, in-12, broché.

Papier de Hollande.

134. **Glatigny** (Albert). Le Jour de l'an d'un vagabond. *Nice, Typogr. de V. Eug. Gauthier et Cie*, 1869, in-16, broché (*Couvert.*).

Édition originale.
On y a joint : 1° l'édition de 1870, publiée par Lemerre, avec frontispice d'*André Gill*, pet. in-12, broché ; 2° Le Fer rouge. Nouveaux chatiments. Troisième édition. *France et Belgique*, 1871, in-18, broché. — Ens. 3 vol.

135. **Glatigny** (Albert). Prologue, représenté pour l'ouverture du théâtre des Délassements comiques. *Paris, Lemerre*, 1867 (Edit. orig.). — Le Bois. *Paris, Lemerre*, 1870 (Exempl. tiré sur papier de Chine). — Poésies. Les vignes folles, les flèches d'or, le bois. *Ibid., id.*, 1870 (Première édition collective). — Le Singe, comédie en un acte. *Ibid., id.*, 1872 (Edit.

orig.). — Le Compliment à Molière, à propos en un
acte. *Ibid., id.,* 1872. — Les Folies-Marigny, prologue. *Ibid., id.,* 1872. — Ens. 1 vol. et 5 plaquettes
in-12, brochés.

On y joint : CLARETIE (Jules). Albert Glatigny. Sa bibliographie précédée d'une notice littéraire et ornée d'un
portrait gravé à l'eau-forte par Fréd. Régamey. *Paris, Baur,*
1875, in-12, broché. — MENDES (Catulle). Glatigny, drame
funambulesque en vers. *Paris, Fasquelle,* 1906, in-12, broché (EDIT. ORIG.).

136. **Glatigny** (Albert). Le Fer rouge. Nouveaux châti-
ments. *France et Belgique, chez tous les libraires,* 1871,
in-8, broché.

Exemplaire imprimé sur grand PAPIER DE HOLLANDE ;
frontispice de *Félicien Rops.*

137. **Goldsmith.** Le Vicaire de Wakefield. Traduction,
préface et notes par Charles Nodier. Eaux-fortes par
Ad. Lalauze. *Paris, Lib. des Bibliophiles,* 1888, 2 vol.
in-12, brochés.

138. **Goncourt** (Edm. et J. de). Mystères des théâtres,
1852. *Paris, Librairie nouvelle,* 1853, in-8. — Une
voiture de masques. *Paris, E. Dentu,* 1856, in-12. —
Ens. 2 vol. brochés.

ÉDITIONS ORIGINALES.

139. **Goncourt** (Edm. et J. de). Henriette Maréchal,
drame en trois actes, en prose, précédé d'une histoire
de la pièce. *Paris, Lacroix, Verboeckhoven et Cie,* 1866,
in-8, broché.

ÉDITION ORIGINALE.

140. **Goncourt** (Edm. et J. de). Les Hommes de lettres.
Paris, E. Dentu, 1860. — Madame Gervaisais. *Paris,
A. Lacroix,* 1869. — Pages retrouvées. *Paris, Char-
pentier,* 1886. — Préfaces et manifestes littéraires.
Ibid., id., 1888. — Hokousaï. *Ibid., id.,* 1896. —
Ens. 5 vol., dont 4 vol. in-12 et 1 vol. in-8, brochés.

ÉDITIONS ORIGINALES.
La couverture manque à *Madame Gervaisais* ; ce volume
porte un envoi d'auteur sur le faux-titre.

141. **Goncourt** (Edm. et J. de). Théâtre. Henriette Maréchal. — La Patrie en danger. *Paris, G. Charpentier,* 1879, in-12, broché.

> Première édition collective du *Théâtre* des Goncourt.
> Un des 50 exemplaires (n° 44) imprimés sur PAPIER DE HOLLANDE.

142. **Goncourt** (Edmond de). La fille Élisa. *Paris, Charpentier,* 1877, in-12, broché.

> ÉDITION ORIGINALE.

143. **Goncourt** (Edmond de). La fille Élisa. *Paris, Charpentier,* 1877, in-12, broché.

> ÉDITION ORIGINALE.

144. **Goncourt** (Edmond de). La Faustin. *Paris, Charpentier,* 1882, in-12, broché.

> ÉDITION ORIGINALE.

145. **Goncourt** (Jules de). Lettres. Fac-simile de lettre, portrait d'après un émail de Claudius Popelin, gravé à l'eau-forte par E. Abot. *Paris, Charpentier,* 1885, in-12, broché.

> ÉDITION ORIGINALE.
> Un des 55 exemplaires (n° 30) imprimés sur PAPIER DE HOLLANDE.

146. **Gonse** (Louis). Eugène Fromentin, peintre et écrivain. Ouvrage augmenté d'un voyage en Egypte et d'autres notes et morceaux inédits de Fromentin et illustré de gravures hors texte et dans le texte. *Paris, A. Quantin,* 1881, gr. in-8, dos et coins mar. bleu, non rogné (*Couvert.*).

> Nombreuses illustrations dans le texte et hors texte.

147. **Gourmont** (Remy de). Le Livre (et le IIe livre) des masques. Portraits symbolistes, gloses et documents sur les écrivains d'hier et d'aujourd'hui. Les masques dessinés par F. Vallotton. *Paris, Mercure de France,* 1896-1898, 2 vol. in-12, brochés.

> ÉDITIONS ORIGINALES.
> Un des 25 exemplaires imprimés sur PAPIER DE CHINE.

148. **Gourmont** (Remy de). Le Problème du style, questions d'art, de littérature et de grammaire. Avec une préface et un index des noms cités. *Paris, Société du Mercure de France*, 1902, in-12, broché.

EDITION ORIGINALE.

149. **Gréville** (Henry) [Mme Alice Durand]. Cité Ménard. *Paris, Plon et Cie*, 1880. — Madame de Dreux. *Ibid., id.*, 1881. — Le Moulin Frappier. *Ibid., id.*, 1881, 2 vol. — Les Degrés de l'échelle. *Ibid., id.*, 1881. — Le Fiancé de Sylvie. *Ibid., id.*, 1882. — Ens. 6 vol. in-12, brochés.

EDITIONS ORIGINALES.

150. **Halévy** (Ludovic). Les Petites Cardinal. Douze vignettes par Henry Maigrot. *Paris, Calmann Lévy*, 1880, in-12, broché.

EDITION ORIGINALE.

151. **Halévy** (Ludovic). L'Invasion, souvenirs et récits. *Paris, Michel Lévy frères*, 1872. — Un Mariage d'amour. *Ibid., id.*, 1881. — Criquette. *Ibid., id.*, 1883. — Notes et souvenirs, 1871-1872. *Ibid., id.*, 1889. — Ens. 4 vol. in-12, brochés.

EDITIONS ORIGINALES.

152. **Hanotaux** (Gabriel) et **Vicaire** (Georges). La Jeunesse de Balzac. Balzac imprimeur, 1825-1828. Avec trois estampes et deux portraits gravés sur bois par A. Lepère. *Paris, F. Ferroud*, 1903, pet. in-4, broché.

Un des 60 exemplaires (n° 35) imprimés sur PAPIER DU JAPON ; contenant les figures en deux états tirées sur PAPIER DE CHINE.

153. **Haraucourt** (Edmond). L'Ame nue. *Paris, Charpentier*, 1885. — Seul. *Ibid., id.*, 1891. — Ens. 2 vol. in-12, brochés.

EDITIONS ORIGINALES.

154. **Hennique** (Léon). Le Songe d'une nuit d'hiver, pan-

tomime inédite. Dix compositions de Jules Chéret, gravées à l'eau-forte par Bracquemond. *Paris, F. Ferroud*, 1903, in-12, broché.

Exemplaire n° 257, imprimé sur papier vélin d'Arches.

155. **Hennique** (Léon). Deux patries. Drame en cinq tableaux dont un prologue. Nouvelle édition illustrée de compositions originales par Bertrand, gravées au burin et à l'eau-forte par Léon Boisson. *Paris, L. Conquet, L. Carteret, S*, 1903, in-8, broché.

Exemplaire de grand choix (n° 75) imprimé sur PAPIER DU JAPON et contenant les illustrations en deux états : AVANT et avec la lettre.

156. **Hervieu** (Paul). Diogène le chien, avec quatre compositions de Tofani. Troisième édition. *Paris, Charavay frères*, 1882. — Théroigne de Méricourt, pièce en six actes, en prose. *Paris, Alph. Lemerre*, 1902 (EDIT. ORIGINALE). — Ens. 2 vol. in-12, brochés.

157. **Histoire des quatre fils Aymon**, très nobles et très vaillans chevaliers. Illustrée de compositions en couleurs par Eugène Grasset, gravure et impression par Charles Gillot. Introduction et notes par Charles Marcilly. *Paris, H. Launette*, 1883, in-4, chag. citron, fil., angles et dos orné, dent. int., tête dor., couvert. (*Fechoz*).

158. **Houville** (Gérard d'). |Mad. H. de Régnier.| Le Temps d'aimer. *Paris, Calmann-Lévy, s. d.*, in-12, broché.

EDITION ORIGINALE.

159. **Huard** (Charles). Paris vieux et neuf. La Rive droite ; la rive gauche. Texte par André Billy. *Paris, Eug. Rey*, 1909, 2 vol. pet. in-8 carré, brochés.

Un des 100 exemplaires (n° 81) imprimés sur PAPIER DU JAPON.

160. **Huart** (Louis). Ulysse ou les porcs vengés. Steeple-Chase. Les Bals publics. Vignettes par Cham, Dau-

mier, E. de Beaumont. *Paris, Garnier frères*, 1852, in-12, broché.

PREMIER TIRAGE.
Cet ouvrage est la parodie d'*Ulysse*, tragédie de Ponsard.
La couverture porte 2ᵉ édition.
Mouillures.

161. **Hugo** (Victor). Eviradnus. Vingt-six compositions de P.-M. Ruty, dont vingt sur bois et six hors texte, gravées au burin par P. Gusman. *Paris, L. Henry May, s. d.* (1900), pet. in-4, broché.

Un des 5 exemplaires (n° 6) imprimés sur PAPIER DU JAPON ; contenant les eaux-fortes hors texte en 4 états dont l'EAU-FORTE pure, une suite après destruction des cuivres. Et un TIRAGE A PART des bois du texte en 4 états sur papier de Chine, dont une suite après destruction des bois.

162. **Hugo** (Victor). Eviradnus. Vingt-six compositions de P.-M. Ruty, dont vingt sur bois, et six hors texte gravées au burin par P. Gusman. *Paris, L. Henry May, s. d.*, pet. in-4, broché.

Un des 40 exemplaires (n° 56) imprimés sur papier vélin à la forme, contenant les eaux-fortes en deux états, dont l'EAU-FORTE PURE, et une SUITE A PART sur papier pelure de tous les bois du texte.

163. **Hugo** (Victor). Le Sacre de Charles dix. Ode de Victor Hugo. *Paris, Ladvocat, s. d.* (1825), in-8 de 16 pp., broché.

EDITION ORIGINALE, avec titre entouré d'un encadrement tiré en bleu.
Envoi autographe de Victor Hugo à Madame Dumesnil.
Rare.

164. **Hugo** (Victor). Œuvres complètes. Poésie VI. Les Voix intérieures. *Paris, Eugène Renduel*, 1837, in-8, broché.

EDITION ORIGINALE.
Bel exemplaire.

165. **Hugo** (Victor). Le Retour de l'Empereur. *Paris, Delloye*, 1840, in-8 de 30 pages, broché.

EDITION ORIGINALE ; sans la couverture imprimée.

166. **Hugo** (Victor). Œuvres complètes. Poésie VII. Les Rayons et les Ombres. *Paris, Delloye,* 1840, in-8, cartonn. dos et coins toile bleue, non rogné (*Couvert.*).

> Édition originale.
> Couverture doublée.

167. **Hugo** (Victor). Les Burgraves, trilogie. *Paris, E. Michaud,* 1843, in-8, dos et coins veau grenat, dos orné, non rogné (*Couvert.*).

> Édition originale.
> Petite déchirure à la couverture.

168. **Hugo** (Victor). Notre-Dame de Paris. Edition illustrée d'après les dessins de MM. E. de Beaumont, L. Boulanger, Daubigny, T. Johannot, Meissonier, etc., gravés par les artistes les plus distingués. *Paris, Perrotin,* 1844, in-8, demi-rel. chag. noir, dos orné, tr. jasp. (*Rel. de l'époque*).

> Premier tirage.

169. **Hugo** (Victor). Œuvres. *Paris, Alphonse Lemerre.* 1875, 7 vol. pet. in-12, brochés.

> Les Contemplations, 2 vol. — Les Orientales, 2 vol. — Les Feuilles d'automne ; les Chants du crépuscule. — Les Châtiments. — Les Voix intérieures ; les Rayons et les Ombres.

170. **Hugo** (Victor). Cinq poèmes : Booz endormi — Bivar — O soldats de l'an deux ! — Après la bataille — Les pauvres gens — ornés de trente-cinq compositions de Auguste Rodin, Eugène Carrière, Daniel Vierge, Willette, Dunki, Steinlen. *Paris, Edouard Pelletan,* 1902, gr. in-8, mar. grenat à longs grains, encad. de filets droits et courbes ornés aux angles, dos orné, large encad. int. de 9 filets, tr. dor., couverture [*Carayon*].

> Un des 193 exemplaires (n° 174) imprimés sur papier vélin à la cuve des papeteries du Marais.
> On a ajouté à cet exemplaire la suite de toutes les illustrations en épreuves d'artiste tirées sur papier de Chine et le prospectus de l'ouvrage.

171. **Huysmans** (J.-K.). Le Quartier Notre-Dame. Illus-

trations et gravures de Ch. Jouas. *Paris, Librairie de la Collection des Dix, s. d.,* pet. in-8, broché (*Couvert. illustrée*).

Un des 130 exemplaires (n° 36) contenant les illustrations en trois états, dont l'EAU-FORTE PURE.

172. **Huysmans** (J.-K.). La Bièvre et Saint-Séverin. *Paris, P.-V. Stock,* 1898, in-12, broché.

> EDITION ORIGINALE.
> Un des 40 exemplaires (n° 22) imprimés sur PAPIER DE HOLLANDE.

173. **Huysmans** (J.-K.). Pages catholiques. Préface de l'abbé A. Mugnier. *Paris, P.-V. Stock,* 1900, in-12, broché.

> EDITION ORIGINALE.
> Un des 10 exemplaires (n° 10) imprimés sur PAPIER DU JAPON.

174. **Huysmans** (J.-K.). Sainte Lydwine de Schiedam. *Paris, P.-V. Stock,* 1901, pet. in-4, broché.

> EDITION ORIGINALE imprimée à Hambourg avec des caractères dessinés et fondus spécialement pour cette édition.
> Un des 80 exemplaires (n° 89) imprimés sur PAPIER DE HOLLANDE.

175. **Huysmans** (J.-K.). De Tout. *Paris, P.-V. Stock,* 1902, in-12, broché.

> EDITION ORIGINALE.
> Un des 50 exemplaires (n° 24) imprimés sur PAPIER DE HOLLANDE.

176. **Huysmans** (J.-K.). L'Art moderne. Nouvelle édition. *Paris, P.-V. Stock,* 1902, in-12, broché.

> Un des 24 exemplaires (n° 7) imprimés sur PAPIER DE HOLLANDE.

177. **Huysmans** (J.-K.). Les Sœurs Vatard, illustrées de 28 compositions, dont cinq hors texte en couleurs, par J.-F. Raffaëlli. Préface de Lucien Descaves. *Paris, Ferroud,* 1909, gr. in-8, broché.

> Exemplaire n° 40 imprimé sur GRAND PAPIER VÉLIN D'ARCHES, contenant les eaux-fortes en trois états : l'EAU-FORTE PURE, l'état avec la remarque et la planche dans le texte.

178. **Irving** (Washington). Rip van Winkle. Illustré par
Arthur Rackham. *Paris, Hachette et C*^{ie}, 1906, in-4,
parchemin blanc, fers spéciaux, tête dorée, ébarbé
(*Cartonn. des éditeurs*).

> Un des 20 exemplaires de grand luxe (n° 10) imprimés
> SUR PAPIER DU JAPON.

179. **Janin** (Jules). Barnave. *Paris, Alph. Levavasseur et
Mesnier*, 1831, 4 vol. in-12, mar. rouge, jans., dent.
int., tr. dor. (*Reymann*).

> EDITION ORIGINALE.
> Bel exemplaire relié sur brochure.

180. **Janin** (Jules). L'Ane mort, par Jules Janin. Edition
illustrée par Tony Johannot. *Paris, Ernest Bourdin*,
1842, gr. in-8, demi-chag. brun, fil., dos orné, tr.
dor. (*Rel. de l'époque*).

> PREMIER TIRAGE.

181. **Jaybert** (Léon). Trois Dizains de contes gaulois.
Illustrations de Le Natur. *Paris, Ed. Rouveyre*, 1882,
in-18, broché (*Couvert. illust.*).

> Exemplaire imprimé sur papier vergé.

182. **Joyeusetés** d'un pèlerinage à Lourdes. *Bruxelles,
H. Kistemaeckers*, 1879. — **Mercier**. Eloge du sein des
femmes. *Paris, Barraud*, 1873. — **Montifaud** (M. de).
Aventures de l'abbé de Choisy habillé en femme.
Bruxelles, Gilliet, 1880. — Les Nuits d'épreuve des
villageoises allemandes. *Ibid., Gay et Doucé*, 1877. —
Quatrelles (E. Lépine). Le Chevalier Beau-temps. *Paris,
A. Pongin, s. d.* — **Vadé**. La pipe cassée. *Paris, Le-
clerc*, 1866. — Ens. 6 vol. in-8 et in-12, brochés.

183. **Laborde** (de). Choix de Chansons, mises en mu-
sique par M. de Laborde, gouverneur au Louvre, ornées d'estampes en taille-douce. *Rouen, J. Lemonnyer*, 1881, 4 vol. gr. in-8, brochés.

> Exemplaire imprimé sur papier vergé de Hollande.

184. **Lacroix** (Paul). XVIIe siècle. Institutions, usages et
costumes. France, 1590-1700. Ouvrage illustré de 16

chromolithographies et de 3oo gravures sur bois (dont
20 tirées hors texte), d'après les monuments de l'art
de l'époque. *Paris, Firmin Didot et Cie*, 1880, gr. in-8,
broché.

185. **Lacroix** (Paul). xviiie siècle. Institutions, usages et
costumes. — Lettres, sciences et arts. France, 1700-
1789. *Paris, Firmin Didot frères*, 1875-1878, 2 vol.
gr. in-8, brochés.

> Chaque volume est orné de chromolithographies et de
> gravures sur bois.

186. **La Fontaine.** Fables. Cent fables choisies. Illustrations de Henry Morin. Introduction de M.-L. Tarsot.
Paris, H. Laurens, s. d., in-4, broché (*Couvert.
illust.*).

> Illustrations en couleurs.

187. **La Fontaine.** Fables, avec les dessins de Gustave
Doré. *Paris, Hachette*, 1890, gr. in-4, fig., veau vert,
l'un des plats est orné d'une composition en cuir mo-
delé : portrait en médaillon de La Fontaine et sujet
représentant « Le Lièvre et les grenouilles », non
rogné.

> Curieuse reliure en cuir pyrogravé et modelé, par
> Mme Bisson de Recy.

188. **La Fontaine.** Fables, publiées par D. Jouaust, avec
l'éloge de La Fontaine par Chamfort. Dessins d'Emile
Adan, gravés à l'eau-forte par Le Rat. *Paris, Librairie
des bibliophiles*, 1885, 2 vol. in-8, brochés.

> Un des 170 exemplaires (n° 206) imprimés sur PAPIER
> DE HOLLANDE.

189. **La Fontaine.** Contes et nouvelles en vers, vignettes
par Duplessis-Bertaux. *Rouen, Lemonnyer*, 1879, 2 vol.
— **Nogaret** (F. de). Le fond du sac ; recueil de contes
en vers, vignettes par Duplessis-Bertaux, Fesquet et
Garnier. *Ibid., id.*, 1879, 2 vol. — Ens. 4 vol. pet.
in-8, brochés.

> Un des 150 exemplaires imprimés sur PAPIER WHATMAN.

190. **Lamartine** (A. de). Nouvelles méditations poétiques. *Paris, Urbain Canel,* 1823, in-8, broché.

EDITION ORIGINALE.

191. **Lamartine** (A. de). La Mort de Socrate, poème. *A Paris, chez Ladvocat,* 1823, in-8, broché.

EDITION ORIGINALE.

192. **Lamartine** (A. de). Chant du Sacre, ou la veille des armes, par A. de Lamartine. *Paris, Urbain Canel et Baudouin,* 1825, in-8, broché.

EDITION ORIGINALE de premier tirage, contenant les vers qui furent supprimés aux pages 19 et 20 sur la demande du duc d'Orléans.

193. **Lamartine** (A. de). Des destinées de la poésie, par M. A. de Lamartine. *Paris, Charles Gosselin,* 1834, in-8, broché.

EDITION ORIGINALE, rare,

194. **Lamennais** (F.). Paroles d'un croyant. Préface de Gabriel Séailles ; illustrations de Carlos Schwabe. *Paris, Imprimé pour Charles Meunier,* 1908, in-4 en feuilles, dans un carton.

Édition tirée à 166 exemplaires.
Celui-ci est un des 100 (n° 125) imprimés sur papier vélin.

195. **Laprade** (Victor de). Les Symphonies. *Paris, Michel Lévy,* 1855, in-12, broché.

EDITION ORIGINALE.

196. **Lauzun** (Le duc de). Mémoires (1747-1783), publiés pour la première fois avec les passages supprimés, les noms propres, une étude sur la vie de l'auteur, des notes et une table générale par Louis Lacour. *Paris, Poulet-Malassis,* 1858, in-12, broché.

Première édition sans suppressions ; elle contient une préface agressive contre le baron Pichon.

197. **Lavedan** (Henri). Une Cour. *Paris, Ernest Kolb,* s. d. (1893). — Leur beau physique. *Ibid., id., s. d.*

(1893). — Le Lit. *Paris, Calmann-Lévy,* 1894. — Ens.
3 vol. in-12, brochés.

Éditions originales.

198. **Leconte de Lisle.** Poèmes antiques. *Paris, Imprimé
pour les Amis des livres,* 1908, gr. in-8, broché, étui.

Tirage unique à 110 exemplaires (n° 106) sur papier vélin.
Illustrations par *Maurice Ray,* gravées à l'eau-forte par
Louis Muller.

199. **Lemaitre** (Jules). Les Rois. *Paris, Calmann-Lévy,*
1893. — Le Pardon, comédie en trois actes. *Ibid., id.,*
1895. — L'Age difficile. *Ibid., id.,* 1895. — En marge
des vieux livres. *Paris, Lecène et Oudin,* 1905. — Ens.
4 vol. in-12, brochés.

Éditions originales.

199 *bis.* **Lemaitre** (Jules). Sérénus. Histoire d'un martyr.
Paris, Société des Amis des livres, 1905, in-8, broché.

Tirage unique à 115 exemplaires (n° 85).

200. **Le Noble** (Alexandre). La Rapinéide ou l'atelier,
poème burlesco-comico-tragique en 7 chants, par un
ancien rapin des ateliers Gros et Girodet. *Paris, Barraud,* 1870, in-8, dos et coins mar. brun, tête dor.,
non rogné.

Exemplaire n° 124 imprimé sur papier vergé.
Ouvrage orné d'un frontispice, de 7 eaux-fortes hors
texte, et de vignettes dans le texte.

201. **Livre des Sonnets** (Le), dix dizains de sonnets choisis. — Le Livre des Ballades, soixante ballades choisies. *Paris, Alph. Lemerre,* 1874-1876, 2 vol. pet.
in-8, brochés.

Papier de Hollande.

202. **Livre d'or de Victor Hugo** (Le) par l'élite des artistes
et des écrivains contemporains. Direction de Emile
Blemont. *Paris, H. Launette,* 1883, gr, in-8, demi-
rel. chag. La Vall., tête dor. (*Couvert.*).

Nombreuses illustrations hors texte.
Exemplaire sur papier de Hollande contenant les figures
avant la lettre ; couvertures de livraisons conservées.

2o3. **Livre d'or de J.-F. Millet** (Le), par un ancien ami. 17 eaux-fortes par Frédéric Jacque. *Paris, A. Ferroud, E. Bénézit-Constant,* 1891, in-4, broché, dans un carton.

Exemplaire imprimé sur PAPIER DU JAPON, offert par les éditeurs.

On y a joint 10 reproductions, à l'eau-forte, des principaux tableaux de Millet.

2o4. **Lorrain** (Jean). La Mandragore. Trente-trois illustrations de Marcel Pille, gravées par Deloche, Florian, les deux Froment et Julien Tinayre. *Paris, Edouard Pelletan,* 1899, in-8, broché.

Un des 110 exemplaires (n° 77) imprimés sur papier vélin à la cuve.

2o5. **Lorrain** (Jean). Narkiss. Dessins de O.-D.-V. Guillonnet, gravés par X. Lesueur. Préface de J. Doucet. *Paris, Édition du Monument,* 1908, in-8, dos et coins mar. vert, tête dor., non rogné, couvert. (*Blanchetière-Bretault*).

Un des 5o exemplaires (n° 36) imprimés sur PAPIER DU JAPON, pour la librairie F. Ferroud ; figures en deux états.

2o6. **Loti** (Pierre). Le Roman d'un spahi. *Paris, Calmann-Lévy,* 1881. — Le Roman d'un enfant. *Ibid., id.,* 1890. — Ramuntcho. *Ibid., id.,* 1897. — Les derniers jours de Pékin. *Ibid., id., s. d.* — Ens. 4 vol. in-12, brochés.

EDITIONS ORIGINALES.

207. **Loti** (Pierre). La Mort de Philae. *Paris, Calmann-Lévy, s. d.,* in-12, broché.

EDITION ORIGINALE.
Un des 25 exemplaires (n° 15) imprimés sur PAPIER DU JAPON.

208. **Loti** (Pierre). L'Inde (sans les Anglais). *Paris, Calmann-Lévy, s. d.* (1903), in-12, broché.

EDITION ORIGINALE.
PAPIER DE HOLLANDE.

209. **Loti** (Pierre). Vers Ispahan. *Paris, Calmann-Lévy, s. d.* (1904), in-12, broché.

EDITION ORIGINALE.
PAPIER DE HOLLANDE.

210. **Louvet de Couvray.** Les Amours du Chevalier de Faublas, avec une préface par Hippolyte Fournier. Dessins de Paul Avril, gravés à l'eau-forte par Monziès. *Paris, Lib. des bibliophiles,* 1884, 5 vol. in-8, brochés.

Un des 170 exemplaires (n° 85) imprimés sur PAPIER DE HOLLANDE.
Le tome IV est sans la couverture imprimée.

211. **Louys** (Pierre). Les Chansons de Bilitis. Traduites du grec pour la première fois par P.-L. (Pierre Louys). *Paris, Librairie de l'Art indépendant,* 1895, in-8 carré, cartonn., dos et coins toile bleue, non rogné *(Couvert.).*

EDITION ORIGINALE tirée à petit nombre.

212. **Louys** (Pierre). Byblis. Compositions en couleurs de Henri Caruchet. Préface par Gilbert de Voisins. *Paris, Ferroud,* 1901, in-8, dos et coins mar. grenat, tête dor., non rogné, couvert. *(Ruban).*

Exemplaire (n° 2) imprimé sur PAPIER DU JAPON, contenant un TIRAGE A PART, en noir sur Chine, de toutes les illustrations.

213. **Louys** (Pierre). Les Aventures du roi Pausole. *Paris, Charpentier,* 1901, in-12, broché.

EDITION ORIGINALE.

214. **Louys** (Pierre). Les trois Roses de Marie-Anne. Illustrations et gravures à l'eau-forte par Léon Lebègue. *Paris, Ferroud,* 1909, in-8, broché.

Exemplaire n° 69 imprimé sur papier de Hollande.

215. **Lucien.** Dialogues des Courtisanes. Traduction nouvelle de Jules de Marthold. Compositions et lithographies de Emile Berchmans. *Paris, Edition Boudet,* s. d.. gr. in-8, broché *(Couvert. illust.).*

Un des 500 exemplaires (n° 326) imprimés sur papier à la forme des papeteries du Marais.

216. **Mac-Nab.** Poèmes incongrus, suite aux poèmes mobiles, avec une préface de Voltaire. *Paris, an IX de M. Grevy* (1887), in-18, broché.

EDITION ORIGINALE.

217. **Maindron** (Maurice). L'Arbre de science, roman moderne. *Paris, Lemerre,* 1906. — Le Carquois. *Paris,
Fasquelle,* 1907. — Ens. 2 vol. in-12, brochés.

    Éditions originales.

218. **Margueritte** (Paul). Sur le retour, roman. *Paris,
Ernest Kolb, s. d.* (1892), in-12, broché.

    Édition originale.
    Un des quelques exemplaires imprimés sur papier de
Hollande.

218 *bis.* **Marot** (Clément). Ballades, rondeaux et chansons par Clément Marot. Eaux-fortes en couleurs et
bois dessinés et gravés par Georges Bruyer. *Paris,
Aug. Blaizot et R. Kieffer,* 1910, in-8, en feuilles dans
un carton.

    Un des 180 exemplaires (nº 236) imprimés sur papier
vélin, contenant un seul état des illustrations.

219. **Marteau** (Amédée). Satires, avec un frontispice dessiné et gravé par Bracquemond. *Paris, Poulet-Malassis et de Broise,* 1861, in-8, dos et coins chagrin
rouge, tête dor., ébarbé.

    Édition originale, rare.

220. **Masson** (Frédéric). L'Impératrice Marie-Louise. *Paris, Goupil et Cⁱᵉ,* 1902, in-4, broché.

    Nombreuses illustrations d'après les documents de l'époque.

221. **Masson** (Frédéric). Les Quadrilles à la cour de Na-
poléon Iᵉʳ (1806-1813). Eau-forte et dessins par Eugène Courboin. *Paris, Daragon,* 1904, in-16, broché.
    Papier vélin du Marais.

222. **Maupassant** (Guy de). Le Horla. *Paris, Ollendorff,*
1887, in-12, broché.

    Édition originale.

223. **Maupassant** (Guy de). Mont-Oriol. *Paris, Victor-
Havard,* 1887, in-12, broché.

    Édition originale.

224. **Maupassant** (Guy de). Pierre et Jean. *Paris, Ollendorff,* 1888, in-12, broché.

    Édition originale.

225. **Maupassant** (Guy de). Notre Cœur. *Paris, Ollendorff*, 1890, in-12, broché.

> Édition originale.

226. **Maupassant** (Guy de). La Maison Tellier. — Les Tombales. — Sur l'eau. — Histoire d'une fille de ferme, etc. 80 compositions de René Lelong, gravées sur bois par G. Lemoine. *Paris, Paul Ollendorff, Imprimé pour la librairie Bernoux et Cumin à Lyon*, 1899, gr. in-8, mar. La Vall., jans., doubl. et gardes de satin broché, large bande de mar. mosaïqué, tr. dor. sur témoins, couvert. (*Blanchetière-Bretault*).

> Un des 40 exemplaires (n° 13) imprimés sur papier du Japon, contenant un dessin original de René Lelong, gravé dans le livre, et un tirage à part des bois, sur Japon, avec remarques.

227. **Maupassant** (Guy de). Les Dimanches d'un bourgeois de Paris. Dessins de Geo-Dupuis, gravure sur bois de Lemoine. *Paris, Ollendorff*, 1901, gr. in-8, broché (*Couvert. ill.*).

> Un des 70 exemplaires (n° 88) imprimés sur papier de Chine, contenant le tirage à part hors texte de tous les bois.

228. **Maupassant** (Guy de). En famille. 32 compositions en couleurs de Pierre Vidal. *Paris, A. Blaizot*, 1905, in-8, broché.

> Un des 10 exemplaires (n° 5) imprimés sur papier du Japon, contenant deux états des planches hors texte : en noir et en couleurs, et une aquarelle originale de Pierre Vidal.

229. **Maupassant** (Guy de) et **Normand** (Jacques). Musotte, pièce en trois actes. *Paris, Ollendorff*, 1891, in-12, broché.

> Édition originale.

230. **Mayneville.** Chronique du temps qui fut la Jacquerie, par Mayneville. Illustrations de L.-O. Merson. *Paris, Librairie de la Collection des Dix, A. Romagnol*, 1903, in-8, broché (*Couvert. illust.*).

> Un des 50 exemplaires (n° 95) imprimés sur papier vélin d'Arches ; contenant quatre états de toutes les illustrations, dont l'eau-forte pure.

230 *bis*. **Meilhac** (Henri). Contes parisiens du second empire (1866). Eaux-fortes de Pierre Vidal. *Paris, Imprimé pour les Amis des livres*, 1904, in-8, broché.

> Tirage unique à 125 exemplaires (n° 89).

231. **Mérimée** (Prosper). Essai sur la guerre sociale. *Paris, Firmin Didot frères*, 1841, in-8, demi-rel. veau rouge, tr. marb. (*Rel. de l'époque*).

> EDITION ORIGINALE non mise dans le commerce.
> Exemplaire renfermant les 3 planches de monnaies.

232. **Mérimée** (Prosper). Etudes sur l'histoire romaine. *Paris, Victor Magen*, 1844, 2 vol. in-8, brochés (*Couvert. non imprimée*).

> Edition en partie originale.
> Le 1er volume est la réimpression de l'*Essai sur la guerre sociale* (1841).

233. **Mérimée** (Prosper). Lettres à une inconnue, précédées d'une étude sur Mérimée par H. Taine. *Paris, Michel Lévy frères*, 1874, 2 vol. in-8, brochés.

> EDITION ORIGINALE.

234. **Mérimée** (Prosper). Chronique du règne de Charles IX. Edition ornée de cent dix compositions par Edouard Toudouze dans le texte et de huit compositions hors texte, gravées à l'eau-forte par Eugène Abot. *Paris, Emile Testard*, 1890, gr. in-8, dos et coins mar. La Vall., dos mosaïqué, tête dor., non rogné, couvert. (*Bretault*).

235. **Mérimée** (Prosper). Colomba. Soixante-trois compositions originales de Daniel Vierge gravées sur bois par Noel et Paillard. Préface de Maurice Tourneux. *Paris, L. Conquet, L. Carteret*, 1904, gr. in-8, broché.

> Un des 100 exemplaires (n° 30) de grand luxe imprimés SUR PAPIER DU JAPON, contenant un TIRAGE A PART de toutes les illustrations.

236. **Mérimée** (Prosper). Mateo Falcone. Préface de Maurice Tourneux, compositions de Alexandre Lunois. *Paris, L. Carteret et C*, 1906. gr. in-8, broché.

Tirage à 250 exemplaires (n° 103) sur vélin blanc.

237. **Mérimée** (Prosper). L'Enlèvement de la redoute. Compositions de Maurice Orange, gravées en couleurs par Decisy. *Paris, Rouquette*, 1902, in-8, broché.

Tirage unique à 125 exemplaires (n° 73) contenant un TIRAGE A PART, en noir, en deux états dont l'EAU-FORTE PURE.

238. **Méry** (J.). Le Bonnet vert. *Paris, Boulland*, 1830, in-8, dos et coins veau fauve, non rogné (*Rel. de l'époque*).

EDITION ORIGINALE, ornée sur le titre d'une vignette par *Tony Johannot*, gravée sur bois par *Thomson*.

239. **Molière**. Œuvres. Réimpression textuelle des œuvres de Molière par les soins de Louis Lacour. *Paris, Librairie des bibliophiles*, 1866-1880, 24 vol. in-12, brochés.

Un des 20 exemplaires imprimés sur PAPIER DE CHINE.

240. **Molière**. Suite d'un portrait et de 30 (sur 31) eaux-fortes dessinées par Louis Leloir, gravées par Flameng, pour l'édition du *Théâtre*, publiée par Jouaust en 1876-1883, in-4, en feuilles.

Très belle suite. Epreuves à l'état d'eau-forte pure, tirées sur papier de Chine. Très rare.
La planche de la Muse de Molière manque.

241. **Molière**. Les Amants magnifiques. — Le Bourgeois gentilhomme. — Psyché. *Paris, Librairie des bibliophiles, E. Flammarion successeur*, 1894-1895, 3 vol. in-12, brochés.

Chaque volume est orné d'un dessin de *L. Leloir*, gravé à l'eau-forte par *Champollion*.
Exemplaires imprimés sur PAPIER WHATMAN, contenant l'eau-forte en deux états : avant et avec la lettre.
Le « Bourgeois gentilhomme » est imprimé sur papier du Japon.

242. **Monnier** (Henry). Les Bourgeois de Paris ; scènes comiques. *Paris, Charpentier,* 1854 (La couvert. porte la date de 1855). — Paris et la province. *Paris, Garnier frères,* 1866. — Ens. 2 vol. in-12, brochés.

> ÉDITIONS ORIGINALES.
> Cachet sur le titre et sur le premier feuillet du premier ouvrage.

243. **Monselet** (Charles). Les Tréteaux, avec un frontispice dessiné et gravé par Bracquemond. *Paris, Poulet-Malassis et de Broise,* 1859, in-12, broché.

> ÉDITION ORIGINALE.

244. **Monselet** (Charles). Monsieur de Cupidon. *Paris,* 1858. — Le Plaisir et l'amour. *Paris, Sartorius,* 1865 (manque le portrait). — La belle Olympe. *Paris, E. Dentu,* 1873. — Les Galanteries du xviiie siècle. *Paris, Lévy,* 1862. — Ens. 4 vol. in-12, brochés.

> ÉDITIONS ORIGINALES sauf *Monsieur de Cupidon.*

245. **Monselet** (Charles). Théâtre du Figaro, avec un rideau dessiné par Ch. Voillemot. *Paris, Ferd. Sartorius,* 1861. — Les premières représentations célèbres. *Paris, Ach. Faure,* 1867. — Ens. 2 vol. in-12, brochés.

> ÉDITIONS ORIGINALES.
> On y joint : MONSELET (Ch.). Les Souliers de Sterne ; récits et tableaux de voyage. *Paris, Michel Lévy frères,* 1874, in-12, broché (Première édition sous ce titre.)
> Ens. 3 vol.

246. **Monselet** (Charles). Les Créanciers, œuvre de vengeance, avec une cruelle eau-forte d'Emile Benassit. *Paris, à la Salle des Pas-Perdus et chez René Pincebourde,* 1870, in-8, broché.

> Ouvrage tiré à petit nombre et non mis dans le commerce.
> Exemplaire imprimé sur PAPIER DE HOLLANDE (n° 52), contenant l'eau-forte en trois états: en noir, en bistre et en sanguine, tirée sur Chine volant.

247. **Montifaud** (Marc de). Les Nouvelles drolatiques.

Bruxelles, Charles Gillet, Paris, 1880-1881, 10 vol.
in-12, brochés.

Chaque volume est orné d'une eau-forte de *Henriot.*
On y a joint : Entre messe et vêpres ou les matinées de
carême au faubourg Saint-Germain par Marc de Montifaud.
Bruxelles, Gay et Doucé, 1880-1881, 2 vol. in-8, brochés
(exemp. sur Hollande).

248. **Murger** (Henry). Les Buveurs d'eau. *Paris, Michel
Lévy frères,* 1855. — Les Nuits d'hiver. *Ibid., id.,*
1861. — Ens. 2 vol. in-12, brochés.

Editions. originales.
On y joint : Murger (Henry). Scènes de campagne. Ade-
line Protat. *Paris, Michel Lévy frères,* 1856. — Madame
Olympe. *Ibid., id.,* 1860 (Première édition sous ce titre). —
Pelloquet (Th.). Henry Murger, 1861, in-12, broché.

249. **Murger** (Henry). Scènes de la vie de Bohême. Compositions de Charles Léandre, gravées en couleurs par
Eug. Decisy. *Paris, A. Romagnol,* 1902, gr. in-8, broché.

Un des 35 exemplaires (n° 12) imprimés sur papier du
Japon ; contenant deux états de toutes les illustrations et la
décomposition des couleurs d'une planche.

250. **Musset** (Alfred de). Les Nuits. La nuit de Mai. La
nuit de Décembre. La nuit d'Août. La nuit d'Octobre.
Edition ornée de seize compositions dessinées et gravées par Emile Nourigat. *Paris, Louis Conard,* 1905,
in-8, broché.

Tiré à 250 exemplaires.
Un des 150 exemplaires (n° 148) imprimés sur papier
vélin.

251. **Nodier** (Charles). Histoire du chien de Brisquet ;
précédée d'une lettre à Jeanne par M. Anatole France.
25 Compositions de Steinlen, gravées par Deloche,
E. Froment, Ernest et Frédéric Florian. *Paris,
Edouard Pelletan,* 1900, in-4, mar. vert foncé, large
dent. int., tr. dor., couvert. illust. (*Chambolle Duru*).

Un des 100 exemplaires (n° 88) imprimés sur grand papier vélin à la cuve des papeteries du Marais auquel on a

ajouté la suite de toutes les gravures en ÉPREUVES D'AR-
TISTE, signées à la mine de plomb en dehors de la partie
gravée et tirée sur PAPIER DU JAPON.

252. **Nodier** (Charles). La Légende de sœur Béatrix. Illustrations en couleurs de Henri Caruchet. *Paris, A.
Rouquette*, 1903, in-8, broché (*Couvert. illust.*).

   Edition imprimée à 160 exemplaires. Un des 150 exemplaires (n° 80) SUR PAPIER DU JAPON, contenant le TIRAGE
A PART de la gravure au trait de toutes les illustrations.

253. **Ohnet** (Georges). La Comtesse Sarah. *Paris, Ollendorff*, 1883. — Lise Fleuron. *Ibid., id.*, 1884. — La
Grande Marnière. *Ibid., id.*, 1885. — Noir et Rose.
Ibid., id., 1887. — Volonté. *Ibid., id.*, 1888. — Ens.
5 vol. in-12, brochés.

   EDITIONS ORIGINALES.

254. **Parny** (Evariste). La Guerre des dieux, anciens et
modernes, poème en dix chants par Evariste Parny. *A
Paris, chez P. Didot*, an VII (1799), in-18, mar. rouge,
fil., dos orné, dent. int., tête dor., ébarbé (*Bedford*).

   Première édition avec les passages supprimés.

255. **Passalacqua**. Catalogue raisonné et historique des
antiquités découvertes en Egypte. *A Paris*, 1826, in-8,
mar. bleu à longs grains, dent. à froid et encad. de
8 fil. dor., dos orné, dent. int., tr. dor. (*Simier*).

   Bel exemplaire aux armes du duc d'Angoulême, fils de
Charles X, comme dauphin et grand amiral de France.
   Envoi autographe de l'auteur au Dauphin sur le feuillet
de garde.

256. **Pellico** (Silvio). Mes Prisons. Traduction nouvelle
par Francisque Reynard. Dessins de Bramtot, gravés
par Toussaint. *Paris, Lib. des bibliophiles*, 1887, in-12,
broché.

257. **Petite bibliothèque Charpentier** (De la). *Paris, Charpentier*, 1876-1883, 17 vol. in-32, dont 2 vol. dos et
coins mar. blanc et rouge et les autres brochés.

   DAUDET (A.). Contes choisis, 1877. — FABRE (F.). L'Abbé

Tigrane, 1880. — Gautier (T.). Fortunio, 1878, Mademoiselle de Maupin, 1878, 2 vol. — Mérimée (P.). Colomba, 1876. — Musset (A. de). Premières poésies, 1876. Poésies nouvelles, 1876. Nouvelles et contes, 1877. Comédies et proverbes, 1876-1877, 3 vol. La Confession d'un enfant du siècle, 1876. — Pellico (Silvio). Mes prisons, 1879. — Sandeau (Jules). Le Docteur Herbeau, 1877. Mademoiselle de La Seiglière, 1879. La Chasse au roman, 1883.

Ces ouvrages sont illustrés d'eaux-fortes de *Nielsenn, Lalauze, Worms, E. Giraud, J.-P. Laurens, Ed. Morin,* etc.

258. **Petite bibliothèque de poche.** *Paris, A. Quantin,* 1883-1884, 4 vol. in-12, brochés.

Beaumarchais. Le Barbier de Séville. Le Mariage de Figaro, 2 vol. — Le Sage. Turcaret. — Maistre (X. de). Voyage autour de ma chambre.

Chaque volume, imprimé sur papier de Hollande, est orné d'eaux-fortes par *Valton* et *Delort,* gravées par *Abot* et *Gaujean.*

259. **Petite collection antique.** *Paris, A. Quantin,* 1878-1887, 13 vol. in-32, brochés.

Anacréon et Sapho. Poésies. Traduction en vers de M. de la Roche-Aymon. Illustrations de P. Avril. — Catulle. Odes à Lesbie et épithalame de Thétis et Pelée. Notices par A.-J. Pons. Illustrations de Poirson. — Horace. Odes et Epodes. Traduction nouvelle du comte Seguier, gravures de Méaulle. — Longus. Daphnis et Chloé, grav. de Scott. Notices par A. Pons. — Lucien. Dialogues des courtisanes. Traduction et notices par A.-J. Pons. Illustrations par H. Scott et F. Méaulle. — Lucius. L'Ane. Traduction de Paul-Louis Courier. Illustrations de Poirson. — Musée. Héro et Léandre. Dessins de Pinor, gravures de Méaulle, notices par A. Pons. — Ovide. Les Amours. Traduction du Cte de Séguier, gravures de Méaulle, dessins de Meyer. — Properce. Les Élégies. Traduction en vers de M. de La Roche-Aymon. Dessins de Besnier, gravures de Méaulle. — Tatius (A.). Leucippe et Clitophon, gravures de Méaulle, traduction de A. Pons. — Apollonius de Rhodes. Jason et Médée, gravures de Méaulle, traduction et notices de A. Pons. — Théocrite. Les Idylles. Traduction de J.-A. Guillet, gravures de Méaulle, 1884. — Virgile. Les Bucoliques. Traduction d'André Lefèvre, illustrations d'Auguste Leloir.

Le volume intitulé « Apulée. *L'Amour et Psyché* » manque.

260. **Philippe** (Charles-Louis). Bubu de Montparnasse. Nouvelle édition illustrée de 90 lithographies de Grandjouan. *Paris, Librairie universelle, s. d.*, in-12, demi-rel. chag. brun, fil., dos orné, tête dor., non rogné (*Couvert. illust.*).

261. **Pichon** (Baron Jérôme). Vie de Charles-Henry, comte de Hoym, ambassadeur de Saxe-Pologne en France et célèbre amateur, 1694-1736, publiée par la Société des bibliophiles françois. *A Paris, chez Techener,* 1880, 2 vol. in-8, cartonn. en étoffe brochée, non rognés, couvert. (*Vermorel*).

Frontispice gravé, portrait du comte d'Hoym, gravé par *Morse* d'après *Rigaud*, têtes de chapitres, lettres ornées et fac-simile de fers et de reliures.

262. **Pièces de théâtre** en éditions originales. 18 plaquettes in-12, brochées.

Augier (Emile). Le Joueur de flûte, 1851. — Feuillet (Octave). Le Roman d'un jeune homme pauvre, 1859. — Montjoie, 1864. — Labiche et Delacour. Les petits oiseaux, 1871. — Massa (De). Les Commentaires de César, 1865. — Meilhac (Henri). Un petit-fils de Mascarille, 1859. — La vertu de Célimène, 1861. — Meilhac et Halevy. La petite marquise, 1874. — La Boule, 1875. — Mercier (Pol) et Legrand (Paul). La Sœur de Pierrot, 1855. — Pailleron (Edouard). Le Monde où l'on s'amuse, 1869. — Le Parasite, 1860. — Sand (George). Le Pavé, 1862. — Sardou (Victorien). Les Femmes fortes, 1861. — Maison neuve, 1867. — Les Ganaches, 1863. — Les Vieux garçons, 1865. — Uchard (Mario). La Fiammina, 1857.

263. **Poe** (Edgar). Histoires extraordinaires et nouvelles histoires extraordinaires. Traduction de Charles Baudelaire. *Paris, Michel Lévy frères,* 1856-1857, 2 vol. in-12, cartonn. demi-toile grise, non rognés (*Couvert.*).

Editions originales.

264. **Poe** (Edgar). Le Corbeau, the raven, poème par Edgar Poe. Traduction française de Stéphane Mallarmé, avec illustrations par Edouard Manet. *Paris, Richard*

Lesclide, 1875, in-fol., en feuilles, dans le cartonn. de publication.

> Ouvrage tiré à 240 exemplaires, orné de 4 planches hors texte sur papier de Chine.
> Le cartonnage est cassé.

265. **Porto-Riche** (G. de). Tout n'est pas rose, poésies. *Paris, Calmann-Lévy*, 1877, in-12, broché.

> EDITION ORIGINALE.

266. **Préjelan** (René). L'Amour en dentelles. Préface de Willy. 100 dessins par René Préjelan. *Paris, Simonis Empis*, 1902, in-8, broché (*Couvert. illust.*).

> Un des 10 exemplaires (n° 3) imprimés sur PAPIER DE CHINE. Sans le croquis original de René Préjelan.

267. **Préjelan** (René). La Légende de Béguinette. Préface de Pierre Veber. 100 dessins par René Préjelan. *Paris, Simonis Empis*, 1903, in-8, broché (*Couvert. illust.*).

> Un des 10 exemplaires (n° 23) imprimés sur PAPIER DE CHINE. Sans le croquis original de René Préjelan.

268. **Prévost** (Marcel). L'Heureux ménage. *Paris, A. Lemerre*, 1901. — Le Pas relevé, nouvelles. *Ibid., id.*, 1902. — Le Domino jaune. *Ibid., id., s. d.* — Ens. 3 vol. in-12, brochés.

> EDITIONS ORIGINALES.

269. **Prévost** (Marcel). Lettres à Françoise mariée. *Paris, F. Juven, s. d.*, in-12, broché.

> EDITION ORIGINALE.
> Un des 40 exemplaires (n° 32) imprimés sur PAPIER DE HOLLANDE.

270. **Rambaud** (Louis). Amara, poésies. *Paris, Poulet-Malassis*, 1861, in-12, broché.

> Rare.

271. **Ramiro** (Erastène). Etudes sur quelques artistes originaux. Félicien Rops. *Paris, G. Pellet, H. Floury*, 1905, pet. in-4, broché (*Couvert. illust.*).

> Nombreuses illustrations dans le texte et hors texte.

272. **Ramiro** (Erastène). Supplément au catalogue de l'œuvre gravé de Félicien Rops. Illustrations de Félicien Rops. Fleurons et culs-de-lampe par Armand Rassenfosse. *Paris, Floury,* 1895, gr. in-8, broché.

Nombreuses illustrations dans le texte et hors texte.

273. **Regnard** (J.-F.). Voyage de Normandie de J.-F. Regnard. Préface par G. Bourbon. Illustrations de Ch. Denet. *Evreux, imprimerie de Charles Hérissey,* 1883, in-16, demi-rel. mar. vert, dos orné, tête dor., couvert. (*Thierry*).

Exemplaire imprimé sur PAPIER DU JAPON.

274. **Régnier** (Henri de). Premiers poèmes. Les Lendemains, Apaisement, Sites, Episodes, Sonnets, Poésies diverses. *Paris, Mercure de France,* 1899, in-12, broché.

Un des 15 exemplaires (n° 18) imprimés sur PAPIER DE HOLLANDE.

275. **Régnier** (Henri de). La double maîtresse, roman. *Paris, Mercure de France,* 1900, in-12, broché.

EDITION ORIGINALE.

276. **Régnier** (Henri de). Figures et caractères. *Paris, Mercure de France,* 1901, in-12, broché.

EDITION ORIGINALE.
Un des 29 exemplaires (n° 31) imprimés sur PAPIER DE HOLLANDE.

277. **Régnier** (Henri de). Les Vacances d'un jeune homme sage. *Paris, Mercure de France,* 1903, in-12, broché.

EDITION ORIGINALE.
On y joint : RÉGNIER (H. de). Premiers poèmes. Les lendemains, apaisements, sites, épisodes, sonnets, poésies diverses. *Paris, Mercure de France,* 1899, in-12, broché (Première édition collective).

278. **Régnier** (Henri de). Les Vacances d'un jeune homme sage, roman. *Paris, Mercure de France,* 1903, in-12, broché.

EDITION ORIGINALE.
Un des 39 exemplaires (n° 33) imprimés sur PAPIER DE HOLLANDE.

279. **Régnier** (Henri de). Sujets et paysages. *Paris, Mercure de France*, 1906, in-12, broché.

> EDITION ORIGINALE.
> PAPIER DE HOLLANDE.

280. **Régnier** (Henri de). La Sandale ailée, 1903-1905. *Paris, Mercure de France*, 1906, in-12, broché.

> EDITION ORIGINALE.
> PAPIER DE HOLLANDE.

281. **Régnier** (Henri de). La Peur de l'amour, roman. *Paris, Mercure de France*, 1907, in-12, broché.

> EDITION ORIGINALE.
> PAPIER DE HOLLANDE.

282. **Renan** (Ernest). Le Broyeur de lin. Avec préface des Souvenirs d'enfance et de jeunesse. Vingt-sept eaux-fortes originales de Ed. Rudaux. *Paris, L. Conquet, L. Carteret et Cie*, 1901, pet. in-8, broché (*Couvert. illust.*).

> Un des exemplaires de grand choix imprimés sur PAPIER DU JAPON, contenant le TIRAGE A PART de toutes les eaux-fortes.

283. **Reveilhac** (P.). Une Ouverture de chasse en Normandie, par Fusillot. 19 aquarelles d'après E. Letellier. *En plaine, aux dépens des Compagnies de perdreaux réunies*, 1890 (*Evreux, imp. par Ch. Hérissey*), in-16, broché.

> Un des 180 exemplaires (n° 84) imprimés sur papier à la forme ; figures coloriées.

284. **Richepin** (Jean). Madame André. *Paris, M. Dreyfous*, 1878. — La Miseloque. Choses et gens de théâtre. *Paris, Charpentier*, 1893. — Mes Paradis. *Ibid., id.*, 1894. — Ens. 3 vol. in-12, brochés.

> EDITIONS ORIGINALES.

285. **Richepin** (Jean). Les Litanies de la mer. Aquarelles originales d'après Henri Caruchet. *Paris, imprimé pour Albert Bélinac*, 1903, gr. in-8, broché.

> Tiré à 100 exemplaires.

Celui-ci est un des 5o (n° 1) imprimés sur papier du Japon et contenant le tirage a part, en noir, de toutes les illustrations.

286. **Richepin** (Jean). La Chanson des Gueux. Edition intégrale, décorée de 252 compositions originales de Steinlen. *Paris, Ed. Pelletan*, 1910, pet. in-4, broché.

Tirage à 325 exemplaires.
Celui-ci est un des 265 (n° 135) imprimés sur papier vélin du Marais.

287. **Richepin** (Jean). Dernières chansons de mon premier livre. Édition originale décorée de vingt-quatre compositions de Steinlen. *Paris, Edouard Pelletan*, 1910, pet. in-4, broché.

Tirage à 3oo exemplaires; celui-ci est un des 24o (n° 135) imprimés sur papier vélin du Marais.

288. **Rictus** (Jehan). Doléances. Nouveaux soliloques. Frontispice d'Alfred Jungbluth. *Paris, édition du Mercure de France*, 1900, in-12, broché.

Edition originale.

289. **Robida** (A.). Paris de siècle en siècle. Le Cœur de Paris : splendeurs et souvenirs, textes, dessins et lithographies, par A. Robida. *Paris, à la Librairie illustrée, s. d.*, in-4, dos et coins mar. vert, fil., dos orné et mosaïqué, tête dor., non rogné, couvert. illust. (*Champs*).

Exemplaire imprimé sur papier de Chine, contenant les figures hors texte en deux états: avant et avec la lettre.
On y a ajouté une grande aquarelle originale de Robida, représentant des « Chanteurs populaires ».

290. **Rod** (Edouard). Les Roches blanches. *Paris, Perrin et Cie*, 1895, in-12, broché.

Edition originale.
Un des 25 exemplaires (n° 6) imprimés sur papier de Hollande.

291. **Rosny** (J.-H.). Les Corneilles, roman. *Paris, Librairie moderne*, 1888. — L'Autre Femme. *Paris, Léon Chailley*, 1895. — Ens. 2 vol. in-12, brochés.

Editions originales.

292. **Rosny** (J.-H.). L'Autre Femme. *Paris, Léon Chailley*, 1895, in-12, broché.

> EDITION ORIGINALE.
> Un des quelques exemplaires imprimés sur PAPIER DE HOLLANDE.

293. **Rostand** (Edmond). Pour la Grèce, vers dits par l'auteur à la matinée de la Renaissance du 11 mars 1897. *Paris, Charpentier et Fasquelle*, 1897. — Discours de réception à l'Académie française, le 4 juin 1903. *Ibid., id.*, 1903. — Un soir à Hernani, 26 février 1902. *Ibid., id.*, 1902. — Ens. 3 plaquettes in-12, brochées.

> EDITIONS ORIGINALES.
> Exemplaires imprimés sur PAPIER DU JAPON, sauf le dernier ouvrage.

294. **Rostand** (Edmond). Cyrano de Bergerac, comédie héroïque en cinq actes, en vers. *Paris, Charpentier et Fasquelle*, 1898, in-12, broché.

> EDITION ORIGINALE.
> Exemplaire avec un envoi autographe de l'auteur à Henry Fouquier, sur le faux-titre.

295. **Rostand** (Edmond). Un soir à Hernani, 26 février 1902. *Paris, Eug. Fasquelle*, 1902, in-12, broché.

> EDITION ORIGINALE.
> Un des 30 exemplaires (n° 15) imprimés sur PAPIER DU JAPON.

296. **Rousseau** (J.-B.). Œuvres. Nouvelle édition, avec un commentaire historique et littéraire précédé d'un nouvel essai sur la vie et les écrits de l'auteur. *A Paris, chez Lefèvre*, 1820, 5 vol. in-8, veau bleu, ornements à froid, et dent. dor., dos orné, tr. dor. (*Thouvenin*).

> Exemplaire imprimé sur PAPIER VÉLIN.

297. **Rousseau** (J.-J.). La Nouvelle Héloïse, avec une préface par J. Grand-Carteret. Dessins d'Edmond Hédouin, gravés par lui-même et par Toussaint. Eaux-fortes de Lalauze imprimées dans le texte. *Paris, Libr. des bibliophiles*, 1889, 6 vol. in-12, brochés.

298. **Royal Menagerie** (The), a collection of the best caricatures which have appeared in Paris since the late revolution. *London, Charles Tilt,* 1831, in-16 oblong, cartonn. demi-toile bleue, non rogné (*Couvert.*).

24 planches gravées à l'eau-forte relatives à la Révolution de 1830.

299. **Sainte-Beuve** (C.-A.). Monsieur de Talleyrand. *Paris, Michel Lévy frères,* 1870. — Lettres à la princesse. *Ibid., id.,* 1873. — Chroniques parisiennes (1843-1845). *Ibid., id.,* 1876. — Ens. 3 vol. in-12, brochés.

Les « *Chroniques parisiennes* » sont en ÉDITION ORIGINALE.

300. **Saint-Pierre** (Bernardin de). Paul et Virginie, suivi de la Chaumière indienne, du Café de Surate, du Voyage en Silésie, de l'Éloge de mon ami, et du Vieux paysan polonais. *Paris, Aimé André,* 1823, in-8, fig., veau rouge, encadr. à froid, milieu orné, dos orné, tr. dor. (*Vogel*).

Cette édition, faite sur celle de 1806, est ornée d'une vignette sur le titre, d'une carte et de 4 figures de *Desenne* gravées par *Ch. Heath.*

301. **Saint-Pierre** (Bernardin de). Paul et Virginie, avec une introduction par Alexandre Piedagnel. Orné de 6 figures hors texte et deux vignettes dessinées et gravées à l'eau-forte par Ad. Lalauze. *Paris, Isidore Liseux,* 1879, in-18, pap. de Holl., broché.

Tirage à petit nombre.

302. **Samain** (Albert). Contes. *Paris, Mercure de France,* in-12, broché.

ÉDITION ORIGINALE ; rare et recherchée.

303. **Samain** (Albert). Le Chariot d'or. Compositions et gravures de Charles Chessa. *Paris, Ferroud,* 1907, in-8, broché.

Exemplaire n° 145, imprimé sur papier vélin d'Arches.

304. **Samain** (Albert). Symphonie héroïque. Composi-

tions et gravures de Charles Chessa. *Paris, F. Fer-roud*, 1908, in-8, broché.

Exemplaire n° 160, imprimé sur papier vélin d'Arches.

305. **Samain** (Albert). Hyalis. Le petit Faune aux yeux bleus ; eaux-fortes et bois gravés originaux de C. Picart Le Doux. *Paris, A. Blaizot et René Kieffer*, 1909, in-8, en feuilles, dans le cartonnage de publication.

Tirage unique à 100 exemplaires (n° 14), contenant trois états des illustrations, dont l'EAU-FORTE pure, et un TIRAGE A PART SUR CHINE des bois du texte.

306. **Sand** (George). Histoire de ma vie. *Paris, Michel Lévy frères*, 1856, 10 vol. in-12, brochés.

Première édition in-12.

307. **Sand** (George). Correspondance, 1812-1876. *Paris, Calmann Lévy*, 1882-1883, 4 vol. — La Confession d'une jeune fille. *Ibid., id.*, 1865, 2 vol. — La Famille de Germandre. *Ibid., id.*, 1865. — Tamaris. *Ibid., id.*, 1866. — Le Dernier Amour. *Ibid., id.*, 1867. — Ens. 9 vol. in-12, brochés.

308. **Sand** (George). Les beaux messieurs de Bois-Doré. Illustrations d'Adrien Moreau, gravées sur bois par Braner, Froment, Hamel, Méaulle, Rousseau et Thomas. *Paris, Émile Testard*, 1892, 2 vol. gr. in-8, mar. grenat, compart. de 8 filets dor. et d'une bande de mar. rouge, ornée à petits fers, dos orné et mosaïqué, encad. int. de larges filets, mosaïque de mar. rouge et bleu. tête dor., non rognés, couvert., étui |Bretault|.

Un des 25 exemplaires (n° 91) imprimés sur PAPIER DE CHINE, contenant les planches hors texte en 4 états, savoir : avec la lettre, avant la lettre en bistre, avant la lettre avec remarque et l'EAU-FORTE PURE et le TIRAGE A PART de toutes les illustrations du texte.
Le tout sur papier de Chine.
On y a joint une IMPORTANTE AQUARELLE ORIGINALE d'ADRIEN MOREAU.

309. **Sand** (George). François le Champi. Couverture illustrée et 31 compositions par A. Robaudi, gravées

au burin et à l'eau-forte par Henri Manesse. *Paris,
L. Conquet,* 1905, in-8, broché.

Exemplaire (n° 30) de grand choix imprimé sur PAPIER
DU JAPON et contenant toutes les illustrations en trois états
dont l'EAU-FORTE PURE.

310. **Sand** (Maurice). L'Augusta. Compositions de Georges Rochegrosse, gravées à l'eau-forte par Champollion. *Paris, H. Floury,* 1900, in-8, broché (*Couvert.
illust.*).

Exemplaire n° 268, imprimé sur papier vélin d'Arches.

311. **Sandeau** (Jules). Un Début dans la magistrature.
Paris, Michel Lévy frères, 1863, in-12, broché.

EDITION ORIGINALE.

312. **Schwob** (Marcel). Vies imaginaires. *Paris, Charpentier et Fasquelle,* 1896. in-12, broché.

EDITION ORIGINALE.
Un des 10 exemplaires (n° 7) imprimés sur PAPIER DE
HOLLANDE.

313. **Schwob** (Marcel) **Loyson-Bridet**. Mœurs des diur-
nales. Traité de journalisme. *Paris, Mercure de France,*
1903, in-12, broché.

EDITION ORIGINALE.
Un des 12 exemplaires (n° 12) imprimés sur PAPIER DE
HOLLANDE.

314. **Séché** (Léon). Alfred de Musset. L'Homme et l'œuvre, les camarades, les femmes. Documents inédits
avec portraits, dessins et autographes. *Paris, Mercure
de France,* 1907, 2 vol. — **Musset** (Alfred de). Correspondance (1827-1857), recueillie et annotée par
Léon Séché. *Ibid., id.,* 1907, 1 vol. — Ens. 3 vol.
in-8, brochés.

315. **Sinistrari** (Louis-Marie). De la Démonialité et des
animaux incubes et succubes où l'on prouve qu'il existe
sur terre des créatures raisonnables autres que l'homme,
ayant comme lui un corps et une âme, naissant et mou-
rant comme lui, rachetés par N. S. Jésus-Christ et

capables de salut ou de damnation. Ouvrage inédit
publié d'après le manuscrit original et traduit du latin
par Isidore Liseux. *Paris, Isidore Liseux*, 1875, in-8,
broché.

Tirage à petit nombre.

316. **Soubies** (A.). Almanach des spectacles, de l'origine
1874 à 1882. *Paris, Librairie des Bibliophiles*, 1875-
1883, 7 vol. in-18, brochés.

Les années 1880 et 1881 manquent.
Chaque volume est orné d'un portrait gravé à l'eau-forte
par *Gaucherel* ou *Lalauze*.

317. **Soulié** (Frédéric). Le Lion amoureux. Nouvelle édition illustrée de 19 vignettes dessinées par Sahib et
gravées au burin sur acier par Nargeot. Avec notice
historique et littéraire par Ludovic Halévy. *Paris, L.
Conquet*, 1882, in-18, broché.

Papier de Hollande.

318. **Sully Prudhomme.** Les Solitudes, poésies. *Paris,
Alph. Lemerre*, 1869, in-12, broché.

EDITION ORIGINALE.
L'exemplaire semble être imprimé sur papier vélin fort.

319. **Swift.** Voyages de Gulliver dans les contrées loin-
taines. Edition illustrée par Grandville. Traduction
nouvelle. *Paris, Furne et Cie, H. Fournier aîné*, 1838,
2 vol. in-8, demi-rel. veau fauve, tr. marb. (*Rel. de
l'époque*).

PREMIER TIRAGE.

320. **Swift.** Voyages de Gulliver dans des contrées loin-
taines, par Swift. Traduction nouvelle illustrée par
Grandville. *Paris, H. Fournier, Furne et Cie*, 1845, gr.
in-8, demi-rel. veau rouge (*Rel. de l'époque*).

Exemplaire NON ROGNÉ.

321. **Taine** (H.). Notes sur Paris. Vie et opinions de
M. Frédéric-Thomas Graindorge recueillies par H.
Taine. *Paris, L. Hachette et Cie*, 1867, pet. in-8, broché.

EDITION ORIGINALE.

322. **Tharaud** (Jérôme et Jean). L'Ami de l'ordre. Episode de la Commune, avec quinze illustrations de Daniel Vierge, gravées par Eugène Froment. *Paris, Edouard Pelletan*, 1905, in-8, mar. rouge, encad. formé d'une chaîne avec bonnet phrygien aux angles, dos orné, fil. int., tr. dor., couvert. |*Carayon*|.

Un des 186 exemplaires [n° 167] imprimés sur papier vélin à la cuve des papeteries du Marais.

On y a ajouté la suite de toutes les illustrations en ÉPREUVES D'ARTISTE signées à la mine de plomb en dehors de la partie gravée et tirées sur PAPIER DE CHINE.

323. **Théocrite.** L'Oaristys, texte grec et traduction de M. André Bellessort, précédée d'une lettre de Sicile par M. Anatole France. Illustrations de Georges Bellenger, gravées par E. Froment. *Paris, Edouard Pelletan*, 1896, in-4, mar. crème, chiffre mosaïqué sur les plats, large dent. int., tête dor., non rogné, couvert. illust. (*Champs*).

Un des 25 exemplaires (n° 16) imprimés sur PAPIER DU JAPON ; contenant une DOUBLE SUITE d'épreuves d'artiste signées, sur CHINE et sur JAPON, de toutes les figures et une AQUARELLE ORIGINALE de GEORGES BELLENGER.

324. **Theuriet** (André). Bouquet de fleurs. Illustrations de Emile Monchau. *Paris, Ferroud, s. d.*, pet. in-4, broché (*Couvert. illust.*).

Tirage à 1000 exemplaires (n° 303). Texte entouré d'encadrements de fleurs en couleurs.

325. **Theuriet** (André). La Vie rustique. Compositions et dessins de Léon Lhermitte ; gravures sur bois de Clément Bellenger. *Paris, Launette et Cie*, 1888, gr. in-8, dos et coins mar. vert, dos mosaïqué, tête dor., non rogné, couvert. (*Bretault*).

Exemplaire n° 365 imprimé sur papier vélin.

326. **Tombeau de Charles Baudelaire** (Le), ouvrage publié avec la collaboration de Stéphane Mallarmé, François Coppée, Jules Claretie, F. Hérold, Camille Lemonnier, etc., etc. Précédé d'une étude sur les textes de Les

Fleurs du mal... Frontispice de Félicien Rops. *Paris,
Bibliothèque artistique et littéraire,* 1896, in-4, broché.

Un des 15 exemplaires (n° 44) imprimés sur PAPIER DE
CHINE, contenant un frontispice par *Rops,* un portrait iné-
dit et la reproduction, dans le texte, d'un dessin de Charles
Baudelaire.

327. **Tombeau de Théophile Gautier** (Le). *Paris, Alph.
Lemerre,* 1873, pet. in-4, cartonn. dos et coins toile
grenat, non rogné.

Ce recueil, orné d'un portrait de Th. Gautier, gravé à
l'eau-forte, contient des vers de Victor Hugo, J.-M. de He-
redia, Leconte de Lisle, Anatole France, A. Houssaye,
etc., etc.

328. **Trois comédies de l'amour** (Les). *Paris, Ferroud,*
1905, 3 vol. gr. in-8, brochés.

MARIVAUX. Le Jeu de l'amour et du hasard. Comédie en
trois actes. Illustrations de Maurice Leloir, gravées à l'eau-
forte par E. Pennequin. — MOLIÈRE. L'Amour médecin,
comédie-ballet en trois actes. Illustrations de L.-Ed. Fournier, gravées à l'eau-forte par G. Pennequin. — MUSSET
(A. de). On ne badine pas avec l'amour, comédie en trois
actes. Illustrations d'Adrien Moreau, gravées à l'eau-forte
par E. Pennequin.

Exemplaires imprimés sur papier du Marais à la forme,
contenant un état des eaux-fortes.

329. **Verhaeren** (Emile). Rembrandt. Biographie critique
illustrée de 24 reproductions hors texte. *Paris, Laurens, s. d.,* pet. in-8, broché.

De la *Collection des Grands artistes.*
Un des 30 exemplaires (n° 20) imprimés sur PAPIER DU
JAPON, pour la Librairie E. Deman, de Bruxelles.

330. **Verlaine** (Paul). Quinze jours en Hollande, lettres à
un ami. Avec un portrait de l'auteur, par Ph. Zilcken.
Paris, Léon Vanier, s. d. (1893), pet. in-4, broché.

ÉDITION ORIGINALE.
Un des 50 exemplaires (n° 16) imprimés sur PAPIER DU
JAPON.

331. **Véron** (Dr L.). Mémoires d'un bourgeois de Paris.
Paris, Librairie nouvelle, 1856-1857, 5 vol. pet. in-12,
brochés.

332. **Vidal** (Pierre). Les Heures de la femme à Paris. Tableaux parisiens dessinés, gravés à l'eau-forte et accompagnés d'un texte par Pierre Vidal. *Paris, Editions Boudet*, 1903, pet. in-4, broché (*Couvert. illust.*).

Exemplaire n° 201 imprimé sur papier vélin de cuve des Papeteries du Marais.

333. **Vigny** (Alfred de). Eloa, ou la Sœur des Anges, mystère. *Paris, Aug. Boulland et C*, 1824, in-8, mar. vert à longs grains, jans., dent. int., tête dor., non rogné, couvert. (*Gruel*).

Edition originale ; la couverture est doublée et les coins sont légèrement réparés.

334. **Villiers de l'Isle Adam** (C de). Tribulat Bonhomet. *Paris, Tresse et Stock*, 1887, in-12, cartonn. dos et coins toile bleue, couvert. (*Raparlier*).

Edition originale.

335. **Villiers de l'Isle Adam** (C de). Nouveaux contes cruels. *Paris, à la Librairie illustrée, s. d.* (1888), in-16, broché.

Edition originale.

336. **Villiers de l'Isle Adam** (C de). Histoires souveraines. *Bruxelles, Ed. Deman*, 1899, gr. in-8, broché.

337. **Villiers de l'Isle-Adam** (C de). L'Annonciateur. Dix compositions de Louis Ed. Fournier, gravées à l'eau-forte par X. Lesueur. *Paris, F. Ferroud*, 1905, in-12, broché.

Exemplaire n° 159, imprimé sur papier vélin d'Arches.

338. **Villon** (François). Les Regrets de la belle Heaulmière. Conte imagé et gravé à l'eau-forte par Léon Lebègue. *Paris, imprimé pour A. Blaizot*, 1909, gr. in-8, en feuilles, dans un carton.

Tirage unique à 100 exemplaires.
Un des 97 exemplaires (n° 23) imprimés sur papier de Hollande ; contenant un tirage a part en deux états, sur papier de Chine, dont l'eau-forte pure, de toutes les illustrations.

33g. Voltaire. Zadig, suivi de Micromégas. Préface par Arsène Houssaye. Eaux-fortes de Laguillermie. *Paris, Lib. des Bibliophiles*, 1888. — Lettres d'Amabed, suivies du Taureau blanc. Eaux-fortes de Laguillermie. *Ibid., id.*, 1888. — Ens. 2 vol. in-12, brochés.

340. Voragine (J. de). La Légende dorée. Traduction française de H. Piazza. Dessins et lithographies de A. Lunois. *Paris, Librairie artistique, G. Boudet*, 1896, in-4, dos et coins mar. La Vall., dos orné et mosaïqué, tête dor., couvert. illust. (*Meunier*).

> Un des 25 exemplaires (n° 24) imprimés sur papier du Japon ; contenant un double état en noir, sur papier de Chine, de toutes les planches (bois et lithographies).

341. Zola (Emile). Mes Haines. Causeries littéraires et artistiques. *Paris, Ach. Faure*, 1866. — Théâtre. Thérèse Raquin. Les Héritiers Rabourdin. Le Bouton de rose. *Paris, Charpentier*, 1878. — Le Roman expérimental. *Ibid., id.*, 1880. — La Débâcle. *Ibid., id.*, 1892. — Le Docteur Pascal. *Ibid., id.*, 1893. — Ens. 5 vol. in-12, brochés.

> Éditions originales.
> La couverture de « *Mes Haines* », porte : Deuxième édition.
> On y joint : Alexis (Paul). Emile Zola. Notes d'un ami, avec des vers inédits de Emile Zola. *Paris, Charpentier*, 1882, in-12, broché. — Edit. orig.

342. Zola (Emile). Les Héritiers Rabourdin, comédie en trois actes. *Paris, Charpentier et Cie*, 1874. — L'Assommoir, drame en cinq actes, par W. Busnach et Oct. Gastineau. *Ibid., id.*, 1881. — Le Rêve, drame lyrique en quatre actes, poème de Louis Gallet. *Ibid., id.*, 1891. — L'Ouragan, drame lyrique en quatre actes, poème. *Ibid., id.*, 1901. — Ens. 4 vol. in-12, brochés.

> Éditions originales.
> On y joint : Erbs (Frédéric). M. E. Zola et son Assommoir, étude critique. *Paris, Libr. gauloise*, 1879, in-12, broché.

343. Zola (Emile). La Curée. Compositions de Georges Jeanniot. *Paris, Testard*, 1894, gr. in-8, mar. vert,

comp. de fil., fleurs mosaïquées sur le premier plat,
tr. dor. sur témoins, couvert., étui (*René Kieffer*).

Un des 130 exemplaires (n° 82) imprimés sur PAPIER DE
CHINE, contenant les figures hors texte en 3 états : EAU-
FORTE PURE, avant la lettre avec remarque, et avec la lettre,
et un TIRAGE A PART hors texte des illustrations du texte.

344. **Zola** (Emile). Les Quatre évangiles. — Fécondité.
— Travail. — Vérité. *Paris, Fasquelle*, 1899-1903, 3
vol. in-12, brochés.

ÉDITIONS ORIGINALES.

LIVRES ANCIENS

345. **Blaeu** (Guillaume et Jean). Le Théâtre du monde, ou nouvel atlas. *Amsterdami, apud Guil. et Johan. Blaeu,* 1601-1654, 6 vol. in-fol., vélin blanc à recouv., ornements dorés sur les plats, tr. dor. (*Rel. anc.*).

> Cartes coloriées.
> Ces 6 volumes comprennent la France, l'Espagne, Asie, Afrique, Amérique, l'Allemagne, nord de l'Europe, Italie, Grèce, Grande-Bretagne, Ecosse et Irlande, Chine et Japon.
> La reliure de deux volumes est un peu fatiguée.

346. **Blessebois** (Corneille). Mademoiselle de Scay, petite comédie satyrique. *A Calais, chez Augustin Pasquin,* 1684, pet. in-12, de 45 pp., mar. orange, fil., dos orné, dent. int., tr. dor. (*Trautz-Bauzonnet*).

> Rare.

347. **Boccace.** Contes de Boccace ; traduction nouvelle, augmentée de divers contes et nouvelles en vers imités de ce poète, par La Fontaine, Passerat, Vergier, Perrault, Dorat et autres, et enrichie de notes historiques sur les principaux personnages que Boccace a mis sur la scène, et sur les usages observés dans le siècle où il vivoit, par A. Sabatier de Castres. *A Paris, chez Poncelin,* an X-1801, 11 vol. in-8, veau fauve, dent. et milieu orné à froid, dos orné, dent. int., tr. dor. (*Vogel*).

> Cette édition renferme la copie des figures de *Gravelot.*
> Joli exemplaire, imprimé sur GRAND PAPIER et dans une bonne reliure de Vogel, très fraîche.

348. **Bret** (A.). Histoire bavarde. *S. l. n. d. (Paris,*

1749 ou 1751), in-12, mar. rouge, fil., dos orné, dent.
int., tr. dor. (*Rel. anc.*).

Cet ouvrage est aussi attribué à Fr.-Ant. Chevrier.

349. **Chansons joyeuses** et de table, par Piron, Collé,
Callet, Panard, etc., etc. *Paris, chez les marchands de
nouveautés, s. d.*, in-32, mar. rouge, fil., dos orné,
dent. int., tr. dor.

Titre et frontispice gravés.

350. **Dreux** (P. Luc). Essai sur l'amour par D*** (par Luc
Dreux, ancien secrétaire du comte de Vergennes).
Troisième édition augmentée de poésies diverses du
même auteur. *A Paris, de l'imprimerie de Guilleminet,*
an X, 1802, in-18, mar. vert, fil., dos orné, dent. int.,
tr. dor. (*Chambolle-Duru*).

351. **Du Verdier.** Le Romant des Romans, ou on verra
la suitte et la conclusion de Don Belianis de Grèce,
du chevalier du Soleil et des Amadis. *A Paris, chez
Toussaint du Bray*, 1626-1629, 7 parties en 13 vol.
in-8, mar. rouge, fil., dos orné, fleurons aux angles,
dent. int., tr. dor. (*Rel. anc.*).

Ouvrage orné de figures par *Crispin de Pas.*
Reliure de Padeloup très fraîche.
Les volumes, comme cela se rencontre presque toujours
pour cet ouvrage, sont de tailles un peu différentes.

352. **Fastes de la République** française. Ouvrage orné de
gravures d'après les dessins de Monnet, etc. *A Paris,
chez Louis*, 1793, 2 vol. in-16, demi-rel. veau fauve,
tr. marb.

Ouvrage orné de 2 frontispices et de 2 figures de *Monnet*
gravés par *Helman, Dupréel.*
M. Tourneux dans sa *Bibliographie*, tome I, n° 33, ne
cite qu'un frontispice de Monnet.

353. **Galerie des peintures** (La) ou recueil des portraits et
éloges en vers et en prose, contenant les portraits du
roy, de la reyne, des princes, princesses, duchesses,
marquises... la plupart composez par eux-mêmes (par
Mlle de Montpensier et autres). *A Paris, chez Charles*

de Sercy, 1663, 2 parties en 1 vol. in-12, frontispice gravé, veau brun, tr. marb. (*Rel. anc.*).

Réimpression de la 3ᵉ édition de 1659, avec quelques noms propres de plus et le portrait de Mazarin par Madame de Brégy.
Le frontispice est détaché de la reliure ; mouillures.

354. **Le Noble.** Les Privilèges du cocuage, ouvrage nécessaire tant aux cornards actuels, qu'aux cocus en herbe. *A Vicon, chez Jean Cornichon, à l'enseigne du coucou* (1682), pet. in-12, mar. citron, fil., dos orné, dent. int., tr. dor. (*Trautz-Bauzonnet*).

Cet ouvrage est aussi attribué à Chappuzeau.
Joli exemplaire du Bᵒⁿ de La Roche Lacarelle, avec son ex-libris à l'intérieur du volume.

355. **Meunier de Querlon.** Les Soupers de Daphné et les dortoirs de Lacédémone ; anecdotes grecques, ou fragments historiques publiés pour la première fois et traduits sur la version arabe imprimée à Constantinople, l'an de l'hégire 1110, et de notre ère 1731. *A Oxfort (Paris)*, 1740, pet. in-8, veau fauve, fil., dos orné, tr. rouges (*Rel. mod.*).

Satire sur les soupers de Marly ou sur ceux que Samuel Bernard donnait à Passy.
On y a joint une copie manuscrite de la clef donnée par Barbier (tome IV, col. 536).

356. **Roussel,** avocat à Épinal. Les Jésuites démasqués, ou annales historiques de la Société. *A Cologne, aux dépens de la Compagnie*, 1759, pet. in-12, mar. rouge, fil., dos orné, dent. int., tr. dor. (*Rel. anc.*).

Bonne reliure ancienne, très fraîche.

357. **Tickell** (R.). La Cassette verte de Monsieur de Sartine, trouvée chez mademoiselle du Thé. Cinquième édition revue et corrigée sur celles de Leipsic et d'Amsterdam. *A La Haye, chez la veuve Whiskerfeld*, 1779, in-8, bas. marb., dos orné, tr. rouges (*Rel. anc.*).

Pièce satirique due à Richard Tickell et dirigée contre l'alliance franco-américaine.

358. **Vadé.** Œuvres poissardes de J.-J. Vadé et de L'E-
cluse. *A Paris, de l'Imp. de Didot jeune,* an IV, 1796,
in-16, portrait, mar. citron, fil., dos orné, dent. int.,
tr. dor. (*Brany*).

> Portrait et 4 jolies figures, non signées.
> Ex-libris de Eug. Paillet à l'intérieur du volume.

359. **Vie privée de Louis XV,** ou principaux événemens,
particularités et anecdotes de son règne. *A Londres,
chez John Peter Lyton,* 1781, 4 vol. in-12, portraits,
veau marb., tr. rouges (*Rel. anc.*).

360. **Voltaire.** Candide, ou l'optimisme, traduit de l'alle-
mand de Mr. le docteur Ralph. *S. l.,* 1759, in-12,
veau fauve, fil., dos orné, dent. int., non rogné (*Petit,
succ. de Simier*).

> Première édition.

361. **Xenophontis** Ephesii ephesiacorum libri V. De amo-
ribus Anthiae et Abrocomae. Nunc primum prodeunt
e vetusto codice bibliothecae monachorum Cassinen-
sium Florentiae cum latina interpretatione Antonii
Cocchii Florentini. *Londini, typis Gulielmi Bowyer,*
1726, in-8, chagrin rouge, fil., fleurons aux angles,
non rogné.

> Exemplaire interfolié de papier blanc, couvert de notes
> autographes de Brunck ; il a appartenu à Paul-Louis Cou-
> rier et à Aimé-Martin.
> On y a joint une intéressante lettre autographe de
> Brunck, datée de Strasbourg, 3 décembre 1779.

ORDRE DES VACATIONS

Première vacation

Lundi 29 Mai 1911.

Nᵒˢ 1 à 183.

Deuxième vacation

Mardi 30 Mai 1911.

Nᵒˢ 184 à 361.

CHARTRES. — IMPRIMERIE DURAND, RUE FULBERT.

www.ingramcontent.com/pod-product-compliance
Ingram Content Group UK Ltd.
Pitfield, Milton Keynes, MK11 3LW, UK
UKHW021313190726
13839UKWH00007B/1218